AF332067

PEUT-ON ENCORE SAUVER LA VÉRITÉ ?

François Noudelmann

PEUT-ON ENCORE SAUVER LA VÉRITÉ?

Max Milo

Introduction : les faits alternatifs

En janvier 2017, alors que Donald Trump venait d'être élu président des États-Unis, le nouveau porte-parole de la Maison Blanche fit une fausse déclaration. Il prétendit, contre l'évidence des images et des témoignages, que la cérémonie d'investiture avait battu tous les records d'audience. Face aux moqueries suscitées par un tel mensonge, Kellyanne Conway, la conseillère en communication de Trump, a soutenu cette affirmation erronée en parlant d'*alternative facts*. Elle n'opposa pas une vérité à une autre, mais elle suggéra qu'il s'agissait de points de vue différents et qu'aucune preuve ne pouvait départager ces deux versions. Ce relativisme défiait la possibilité de vérifier qu'un fait soit objectivement constaté par des êtres de raison. Il introduisait plus généralement un doute sur l'idée d'une vérité factuelle, tout étant une question de point de vue sur la réalité. D'aucuns évoquèrent alors une ère politique de la *post-vérité*, ouvrant la porte aux mensonges et aux manipulations, ce que confirmèrent les années suivantes.

Sept ans plus tard, la pratique désinhibée du boniment témoigne que nous vivons au-delà du mensonge : les contre-vérités les plus flagrantes prolifèrent par-delà l'opposition entre vrai et faux, entre fait et fiction, entre vérité et foutaise. Le bonimenteur parle sans crainte d'être démenti, car plus rien n'est vrai, plus rien n'est faux, tout peut être dit qui favorise des intérêts et des pouvoirs. Lors du débat du 27 juin 2024 entre Donald Trump et Joe Biden, le président en exercice est resté bouche bée face aux mensonges de son concurrent. Il aurait pu les contester, mais cela aurait pris du temps, cela aurait été ennuyeux, et cela n'aurait intéressé que ceux qui tiennent encore à la vérité. Cette bouche bée lui a coûté sa candidature, pas seulement pour être apparu diminué mentalement, mais parce que la force du bluff a été imparable, aboutissant à un débat de *trash talk*. Au bout de ce *rap contest*, opposant des *punchlines* sur «le pire président de l'histoire de notre pays», entre deux hommes qui finissent par comparer leurs coups de golf, c'est le plus bluffeur qui gagne la bataille.

La remarque de Kellyanne Conway va plus loin qu'une anecdote relevant de la propagande politique, car elle a signalé une bascule historique. Sans intention philosophique, cet usage du boniment a symbolisé une nouvelle économie de la vérité. La notion de «faits alternatifs», ou de «réalité alternative», marque à la fois une pratique décomplexée de l'assertion infondée et une disqualification de l'antithèse vérité *versus* mensonge. S'il n'existe plus de faits vérifiables, si chaque version de la réalité est un point de vue singulier multipliable et variable à l'infini, dès lors il n'y a plus de mensonge. Sa dénonciation est même devenue un jeu de dupes puisqu'à ce compte-là, tout le monde dit la vérité et tout le monde ment. L'absence de preuve validant une seule version permet autant l'affirmation gratuite que sa disqualification. De fait, les dénonciateurs des *fake news*, depuis que l'expression a été popularisée par Trump pendant sa campagne électorale en 2016, sont ceux-là mêmes qui les diffusent. Les mots de *false* ou *wrong* auraient pu être employés, mais celui de *fake* dit combien c'est l'apparence de la vérité qui l'emporte. Le registre de la contrefaçon, de la feinte et de la simulation dit davantage que la tromperie, le faux ou le non-vrai. La promotion du simulacre passe donc par l'emploi détourné des mots de vérité et de mensonge, d'autant plus mis en avant qu'ils sont sortis du registre de la preuve.

Dans le régime classique de la propagande politique en système totalitaire, le mot de vérité sert à masquer les faits. L'opposition entre vérité et mensonge continue d'y fonctionner, par renversement : la vérité, c'est le mensonge institué. Ainsi le journal officiel du Parti communiste de l'URSS s'appelait *Pravda*, « La Vérité », et pendant presque un siècle il a imposé une version unique de la réalité, fondée sur des mensonges systématiques. Mais dans le monde des *alternative facts*, lorsqu'un politicien tel que Ron DeSantis réclame que la société se fonde sur la vérité, et place en fond de décor un immense bandeau affichant le mot *TRUTH*, ses supporters ne croient pas en une Vérité qui ordonnerait le monde ni à une quelconque révélation. Ils acquiescent plutôt à une idéologie, à des valeurs qui correspondent à ce qu'ils pensent être vrai : la vraie famille, les vraies hiérarchies de valeur, la véritable justice de l'ordre social. Leurs adversaires sont vus comme le mal, non le faux. La différence logique entre mensonge et vérité s'est ainsi évanouie au profit d'un affrontement moral ou politique. Il n'y a plus de menteurs, mais de mauvaises gens ou tout simplement différentes communautés d'intérêt qui défendent leur position. Dès lors, la factualité perd son évidence, soumise à l'arbitraire des points de vue et à la réévaluation des faits qui font ou non événement. Au nom des faits alternatifs, il devient possible de nier ou d'oublier que les massacres tel celui de Srebrenica en Bosnie ont vraiment eu lieu, par relativisation de leur importance historique ou de leur qualification juridique. « Avoir lieu » est aussi une opération de langage qui donne aux faits une existence par leur nomination. Faute de garantir cette désignation, l'événement perd sa consistance historique et devient sujet à caution.

Le relativisme impliqué par la notion de *faits alternatifs* distingue donc des points de vue dont on admet qu'ils proviennent chacun d'un groupe distinct et légitime en droit, sinon en fait. Il conduit à confondre le point de vue du jugement moral et le point de vue rationnel sur les faits. Que chacun ait un code moral ou culturel l'amenant à juger bonne ou mauvaise telle situation, cela va de soi. Mais qu'un tel parti pris conduise à ne pas admettre qu'un fait est avéré ou inventé, cela engage une redéfinition de la vérité. La légitimité du point de vue l'emporte désormais sur la véracité du fait. Cette confusion de la vérité morale et de la vérité factuelle a ouvert la voie à ce qu'on appelle la post-vérité.

Un tel changement du statut de la vérité ne relève pas seulement d'une stratégie politique, il vient de loin, et l'ambition de ce livre consiste à en dessiner une archéologie qui remonte à la fin du siècle dernier, en Amérique du Nord et en Europe. La formule des *alternative facts* n'aurait pas eu un tel succès si elle ne marquait pas, tel un symptôme, une longue mutation qui s'est réfractée dans de nombreux phénomènes tels que la démocratisation des savoirs, le règne du *storytelling*, l'autofiction et l'exofiction, l'empire de l'émotion, la politique des identités, l'idéologie victimaire, la culture de l'annulation, la virtualisation du monde par l'intelligence artificielle. Même si la philosophie ne gouverne pas le temps, il est notable que le post-structuralisme, depuis les années 1960, ait lui aussi contribué, dans le champ intellectuel, à disqualifier durablement la notion de vérité.

Notre ère supposée de post-vérité semble accomplir le souhait nietzschéen d'un monde affranchi de la pesanteur des arrière-mondes et de la vérité en surplomb. Il ne reste que des masques et, derrière eux, encore d'autres masques, sans qu'on puisse atteindre un fond de certitude. Tout devient léger, dansé, joué. Donald Trump peut vanter les mérites de l'eau de Javel pour soigner le covid et se moquer d'Anthony Fauci, immunologiste réputé, son conseiller à la politique de santé. Devant le tollé provoqué, le bonimenteur explique que c'était pour rire. Pourquoi attendre de savoir ce qui soigne vraiment, vu la multiplication des thèses les plus farfelues sur la pandémie? De fait, les médecins sollicités par les médias et encouragés à provoquer du buzz ont régulièrement contrarié les avis autorisés, soulignant involontairement combien la médecine n'est pas une science exacte. L'essentiel est de produire le bon mot, dans l'esprit des *punchlines*, car la puissance de l'énoncé se jauge à l'effet de son énonciation et non pas selon sa vérité.

Cependant, on oublierait facilement, dans cet univers de la parole déréalisée, que le réel n'a pas disparu et qu'il se rappelle aux consciences tel un retour du refoulé. On peut affirmer, comme Baudrillard en 1991, que la guerre du Golfe n'a pas eu lieu, si l'on reste devant son écran de télévision à goûter «la saveur aphrodisiaque de la multiplication du faux»[1], sauf à être un Irakien pour qui les bombardements n'ont pas été des jeux vidéo. Ce serait vite oublier que les affabulateurs ne mentent pas en toute innocence et que la dilution de la vérité a des effets politiques. Ainsi fut contestée l'élection de Joe Biden, en 2020, par Donald Trump dénonçant une fraude électorale

---

1. Jean BAUDRILLARD, *La Guerre du Golfe n'a pas eu lieu*, Galilée, 1991, p. 84.

des démocrates. Cette manipulation, préparée en amont par Trump jetant le soupçon sur les procédures de vote, a conduit à une tentative de coup d'État. Bien que toutes les accusations de faux résultats aient été démenties par les instances légales, cette vérité alternative est encore crue par une grande partie de l'opinion américaine : quel principe permet-il de dire, de façon incontestable, que les allégations de tricherie sont fausses ?

Une commission d'enquête bipartisane[2] a travaillé pendant deux ans et a établi un rapport de milliers de pages pour faire la vérité sur la prise du Capitole par des insurgés partisans de Trump, le 6 janvier 2021. Parmi les témoins convoqués, la fameuse Kellyanne Conway dut prêter serment et renoncer à son argument des *alternative facts*. Elle fut ramenée à la déclaration des faits et au régime du «vrai ou faux», du «oui ou non». Cependant, les partisans de Trump continuent de douter : si les législateurs sont malhonnêtes et si les médias mentent, comment être sûr qu'ils ont raison alors qu'on ne peut vérifier les faits par soi-même ? Sans nécessairement être complotistes, les incrédules considèrent que les allégations officielles sont douteuses, puisque la vérité n'est qu'une question de point de vue. Il faut donc que l'élection ait été truquée, car la vérité doit correspondre à leur propre croyance. Face à une telle défiance, comment prouver qu'un fait a eu lieu, que

____

2. Voir https://january6th-benniethompson.house.gov/news/press-releases/release-select-committee-materials-8

quelque chose s'est bien passé, a bien existé – un massacre, une parole prononcée, un acte de torture, une tromperie ?

Dans un précédent livre sur le mensonge, j'avais suivi une démarche psychanalytique pour analyser comment des philosophes affirment des vérités contraires à leur vécu[3]. Cependant, lorsque le mensonge s'exerce sans sublime, qu'il installe une irréalité propice aux manipulations politiques et que les moyens de les dénoncer font de plus en plus défaut, il devient urgent de trouver les voies les plus efficaces d'une réactivation de la vérité. Le plaisir postmoderne des faux-semblants et la déconstruction infinie des concepts ont eu leur *momentum* historique, mais le XXIe a tourné la page. Cette nécessité d'affronter la réalité fut exprimée par Camus après le désastre de Deuxième Guerre mondiale. Rompant avec le nihilisme qui caractérisait ses premiers écrits, il interpellait Sartre, Koestler et Malraux pour sortir du relativisme moral[4].

Une telle entreprise ne peut s'exercer sous la forme d'une restauration de la raison universelle. Pour répondre aux *alternative facts*, ni l'invocation d'une intelligence commune ni le

---

3. *Le Génie du mensonge*, Max Milo, 2015, Pocket, 2017.
4. « Ne croyez-vous pas que nous sommes responsables de l'existence de valeurs ? Et que si, nous tous qui venons du nietzschéisme, du nihilisme ou du réalisme historique, nous disions publiquement que nous nous sommes trompés et qu'il y a des valeurs morales et que désormais nous ferons ce qu'il faut pour les fonder et les illustrer, ne croyez-vous pas que ce serait le commencement d'un espoir ? », Albert CAMUS, *Carnets II*, Gallimard, 1964, p. 186.

retour au positivisme des faits ne peuvent suffire, tant ils ont été mis en question. Seule une compréhension des mobiles qui conduisent à exiger la vérité permet de lutter contre la défection des protocoles de vérification et de la confiance commune dans l'établissement des faits. Mais il faut d'abord analyser l'ensemble des phénomènes qui concourent depuis la fin du siècle dernier à un changement du statut de la vérité et des instances de vérification. En bref, comment en est-on arrivé là ?

I- LE DÉCLIN DE LA VÉRITÉ : PAR-DELÀ LE VRAI ET LE FAUX

L'étoilement de la vérification

L'accès aux savoirs et à l'information n'est plus garanti par des autorités instituées. Cette évolution, loin d'être nouvelle, s'inscrit dans l'histoire des médiations. Dès l'invention de l'imprimerie ou depuis la sécularisation des lieux d'enseignement, il s'est produit un élargissement des publics et une modification des savoirs eux-mêmes. Chaque démocratisation a provoqué des réactions hostiles de la part des détenteurs patentés de la connaissance. Au XVIIIe siècle, la constitution d'une *Encyclopédie* par les penseurs des Lumières, condamnée par les instances religieuses, a introduit un changement de paradigme, et dans les contenus, et dans la diffusion des savoirs. Ces opérations de décentrement, hors des académies et des centres de pouvoir, ont intégré de nouvelles cultures et modifié les apprentissages. La constitution de l'encyclopédie *Wikipédia*, depuis le début du XXIe siècle, participe à de telles mutations. Toutefois, elle rompt avec une certaine idée de l'autorité. La participation d'environ cent mille contributeurs, sans qu'aucune compétence légitimant leur contribution ne soit requise, donne l'impression d'une communauté improvisée de « savants » approximatifs et parfois contradictoires. En amont, les auteurs sont appelés ainsi des « contributeurs », ce mot indiquant combien il est plus important de participer que d'assurer la vérité du savoir. La marge d'erreur entre différentes versions d'un fait ou d'une connaissance s'en trouve démultipliée sans fin. En aval, ces contenus bénéficient d'une diffusion illimitée grâce à une entreprise collaborative atteignant une moyenne de vingt-six milliards de consultations mensuelles, ce qui signale le degré élevé de confiance des lecteurs.

L'accord tacite selon lequel Wikipédia est devenu incontournable, même pour les plus rigoureux lecteurs, conduit à accepter le principe d'une vérité floue, offrant des informations dont on sait qu'elles sont potentiellement erronées. Quels sont en effet les moyens de vérifier une information donnée par cette encyclopédie participative? Des « modérateurs » interviennent à la manière de pacificateurs lorsqu'un conflit oppose des contributeurs et, si la guerre d'édition persiste, des « administrateurs » tranchent, c'est-à-dire donnent le dernier mot. Ces juges ont été élus par la « communauté », et ne sont pas des garants de la vérité, ni n'agissent au nom d'une autorité de savoir. Les contributions des utilisateurs produisent donc des assertions plus ou moins vraies qui sont le résultat d'une intersection entre plusieurs textes. Le résultat n'a souvent rien à envier aux encyclopédies classiques, sauf pour des sujets polémiques. Lorsqu'aucune intersection n'est trouvée, les administrateurs élus, qui ont obtenu la majorité en nombre, établissent le périmètre de ces vérités, elles-mêmes majoritaires. On ne saurait dire que de tels contenus sont faux, mais on admettra désormais qu'ils sont « crédibles ».

La concurrence que ces vérités floues introduisent avec des savoirs plus vérifiés et assurés se manifeste dans les salles de cours. Les professeurs, autrefois appelés les maîtres, ayant le pouvoir sur la nature et la diffusion du savoir, ont perdu l'autorité et l'exclusivité de la transmission. Lorsqu'ils bénéficient d'un accès à l'Internet, les élèves peuvent consulter des sites qui documentent le sujet traité par leur enseignant. Ils peuvent « vérifier » que les informations sont correctes, par exemple des dates historiques ou des chiffres statistiques. Plus généralement, ils accèdent à des savoirs et des sources autrefois confidentiels. Cette coexistence des connaissances, les unes validées par des institutions, les autres par des contributions, conduit les enseignants à repenser leur mission et même les contenus de leurs savoirs. Elle a contribué à une démystification des institutions du savoir et de leurs autorités. C'est d'ailleurs une expérience que font nombre de professeurs qui, après avoir transmis ce qu'ils avaient eux-mêmes appris de leurs prédécesseurs, accèdent à de nouveaux savoirs et perdent leurs certitudes. Plus on enseigne et plus on prend conscience que les enseignements étaient fondés sur des savoirs non vérifiés que l'on a répétés avec plus ou moins de talent[5]. Il n'est pas question de rejouer ici la querelle entre les défenseurs d'un savoir des maîtres et les praticiens d'un savoir-faire, mais d'observer le changement de statut des contenus et du crédit de vérité qu'on leur accorde.

Les questions de l'autorité et de la vérification ont pris un tour panique avec l'application d'intelligence artificielle, ChatGPT. La possibilité de laisser la main aux algorithmes pour collecter des savoirs et les synthétiser a remis en cause la nécessité d'un sujet humain qui puisse valider les contenus. Il n'est plus besoin d'auteurs ni de contributeurs pour savoir ce qui s'est passé en 1492, connaître la pensée de Spinoza ou découvrir la physique quantique. Les défenseurs de l'exception humaine soulignent les erreurs trouvées dans les résultats imparfaits de ChatGPT, cependant il est prévisible que plus le nombre de données collectées augmentera et plus les critères pour les corréler seront affinés, alors plus la performance tendra vers la justesse des contenus. Au début de cette invention, l'obsession des professeurs fut de détecter chez leurs étudiants ceux qui réalisaient leurs exercices grâce à ChatGPT, et des logiciels ont été diffusés pour traquer les utilisateurs et dénoncer la tricherie. Cependant, les écrits de plusieurs

---

5. Les analyses de Jacques Rancière sur la figure de Joseph Jacottot qui enseignait ce qu'il ignorait, au XIXᵉ siècle, offrent le contre-modèle de cette monopolisation du savoir par les «explicateurs» et prétendus détenteurs de la connaissance. Voir *Le Maître ignorant*, Fayard, 1987.

chercheurs qui les avaient livrés à ce testeur se sont vus aussi identifiés comme des productions ChatGPT. On en conclura soit que les logiciels traqueurs sont de mauvaise qualité, soit que les écrits que l'on pensait singuliers parce que créés par l'intelligence humaine sont comparables à des produits algorithmiques. Certes, il faut s'entendre sur ce qu'on appelle un savoir, une vérité ou un fait. Les historiens observent en effet que la vérité historique suppose une mise en perspective que la documentation ne suffit pas à donner. C'est pourquoi plusieurs utilisent l'application pour montrer comment se construisent des versions de l'histoire et de quelles façons les interroger et les critiquer. Le temps n'est plus à la dénonciation, mais à la collaboration avec le *machine learning*. Les économistes utilisent l'application pour produire des codes informatiques, les médecins pour détecter des maladies génétiques, et même des écrivains pour recomposer des scénarios[6]. Nombre d'instances de légitimation et de médiation – professeur, traducteur, producteur, diffuseur… – se trouvent ainsi contestées et appelées à se transformer.

L'information journalistique est l'autre instance majeure de la transmission des faits, et son autorité subit une remise en question semblable. Les réseaux sociaux étant devenus non seulement des espaces de relation, mais aussi des vecteurs de renseignement sur le temps présent, cette institution qu'était

---

6. Voir les travaux de Grégory Chatonsky.

la presse d'information a dû affronter la concurrence des moyens de communication sans médiation : non seulement les messages, mais aussi les documents postés immédiatement sur les réseaux et différents sites internet ont court-circuité les traditionnelles médiations et instances de vérification. Une telle « démocratisation » de l'information est ambivalente. On ne saurait nier en effet que cette communication permet un accès démultiplié aux sources du réel, et les vidéos qui parviennent en direct depuis des territoires contrôlés livrent des informations éclairantes, qu'il s'agisse des manifestations en Iran, en Chine ou de brutalités policières en Occident. Certes, un document brut ne constitue pas un fait, cependant il contribue à l'établir en donnant des fragments de réel. Les réseaux sociaux, lorsqu'ils font circuler des informations, ne disent pas LA vérité, mais ils en fournissent des témoignages. À l'inverse de cette fonction documentaire, les réseaux sont devenus aussi les plus grands vecteurs de la désinformation, diffusant les « infox » et relayant des mensonges à grande échelle.

Selon un point de vue relativiste, on observera que les médias autorisés n'ont pas le monopole ni de la vérité ni de l'information biaisée. La couverture d'un même fait donnant lieu à des reportages aux orientations très différentes témoigne d'une construction de vérités et de contre-vérités, selon le type de média – presse d'opinion, tabloïds, site d'information à scandales, investigation et dénonciation, bidonnages. On ne saurait toutefois confondre tous les organes de presse, et les récentes rubriques de *fact-checking* signalent combien le journalisme rigoureux entend contrer les dérives et garder le cap de la vérité. Il n'y a rien de nouveau dans ces déformations depuis l'invention de la presse, et il suffit de lire Balzac et ses *Illusions perdues* pour en retrouver les travers. Ce qui change toutefois est le relativisme généralisé qui conduit chacun à assumer la partialité de son point de vue, sans souci de la preuve, comme l'indique l'expression des *alternative facts*. La fonction de « débatteur » en donne l'illustration. Les plateaux de télévision ont depuis quelques années recours à une multitude d'orateurs, prétendus experts ou simples intervenants qui passent en revue les sujets d'actualité et expriment des points de vue sans détenir aucune légitimité, par leur formation ou leur expérience. On pourrait croire aux vertus de la conversation et parier que ces débats contradictoires permettent aux téléspectateurs d'approfondir leur jugement. Mais la multiplication des parleurs, au lieu d'une diversité de perspectives qui s'enrichissent, conduit plutôt à un effacement de la vérité. Les panels distribuent les rôles selon des « sensibilités politiques » plus que des options intellectuelles. Loin de la discussion rationnelle, telle que Habermas[7] la décrivait pour fonder un accord commun sur des principes universels en vue d'atteindre la vérité, ce dialogue diffracté aboutit au contraire à la transformation de la vérité en des effets de discours sensibles.

---

7. Jürgen HABERMAS, *Idéalisations et communication. Agir communicationnel et usage de la raison*, Fayard, 2006.

La vérité du ressenti

Si l'effet l'emporte sur le contenu, c'est en grande partie parce qu'il mobilise des affects et satisfait des attentes psychiques. De fait, la sensibilité des lecteurs et spectateurs est devenue une composante essentielle du message. Cette sensibilité diffère de la raison partageable par les destinataires d'une information, car elle dépend de tout un chacun. Il est présupposé que des publics sont plus ou moins réceptifs à des contenus sensibles qui les touchent positivement ou négativement. La catégorie du *ressenti* se superpose désormais à celles de la vérité et du fait. Ainsi de la météo et des mesures de la température qui affichent à la fois le degré vérifié par les thermomètres et le niveau « ressenti » censé intégrer la force du vent. L'équation semble garantir une certaine objectivité, mais selon qu'on est frileux ou pas, on ressentira diversement le froid et le chaud. Plus largement, toucher devient plus important que d'informer ou même de comprendre. Nombre de présentateurs télévisuels, de peur d'ennuyer leurs spectateurs par des nouvelles brutes, accompagnent la présentation par des mimiques, signalant la peine ou la joie et donnant l'indice du ressenti à éprouver. L'analyse laisse place au sensible et les prises de vue s'approchent au plus près d'un témoin ou d'une victime, à l'affût des pleurs ou de la colère. Les photographies issues des scènes de guerre privilégient souvent les mères et les enfants et sont composées à la manière des iconographies chrétiennes, exposant ici une *mater dolorosa*, là un angelot perdu, et suscitant une empathie de circonstance.

Frapper la sensibilité fut un virage de l'art contemporain, succédant à une esthétique qui s'adressait plutôt à l'intellect, tel que l'art abstrait ou l'art conceptuel. C'est désormais l'émoi – horreur, pitié, sidération – qui doit être suscité chez les spectateurs devant des scènes traumatiques, violentes ou délirantes[8]. Le maître mot des dernières années est «l'immersif» qui accompagne la plupart des expositions. Tout doit conduire les spectateurs à s'immerger dans une pièce ou un dispositif, à cheminer ou plonger, à faire une expérience sensible, à ressentir les phénomènes de l'intérieur. Loin d'une distanciation de type brechtien, il faut s'incorporer, vibrer, éprouver. Cet appel à l'émotion peut rappeler la tragédie grecque, du moins dans la version partisane qu'Aristote en a proposé, ou encore les œuvres de l'âge classique où le pathos avait une grande part. Et de fait,

---

8. Voir Catherine GRENIER, *La Revanche des émotions. Essai sur l'art contemporain*, Seuil, 2008. L'historienne de l'art et conservatrice du patrimoine observe combien le règne du pathos et de l'empathie a envahi l'art du XXIe siècle.

nombre de dramaturges contemporains recourent, eux aussi, aux chocs émotionnels. Cependant, l'exposition des crimes transgressifs – parricide, matricide, inceste – visait alors la catharsis, à la fois prise de conscience et purgation à l'extérieur de soi. Elle était toujours associée à un discours, structurée par des médiations. Au contraire, la recherche de l'émotion pour l'émotion invite à rester dans la sidération et l'immersion. On peut ainsi douter que la vidéo d'un cheval mis sauvagement à mort dans une vidéo d'Adel Abdessemed donne lieu à une réflexion sur la violence carnivore ou sur les chevaux malmenés aux champs de bataille comme pouvait le faire un tableau de Géricault ou Delacroix. La sensation d'effroi demeure intransitive lorsqu'elle ne vise rien au-delà d'elle-même.

Le peu d'effet politique de ces spectacles immédiats témoigne d'une économie de la sensibilité où certains publics sont appelés à éprouver des sensations fortes, dans des espaces réglés, tels les lieux d'exposition ou les scènes de théâtre, tandis que d'autres sont préservés de telles expériences émotionnelles. À l'opposé du choc, les expériences réconfortantes sont favorisées parmi les lecteurs et spectateurs afin de leur épargner toute souffrance. En apparence opposées, ces deux tendances participent en fait d'une commune économie des émotions.

Qu'il s'agisse d'exposer un public au trouble ou de l'en protéger, la gestion du ressenti s'exerce en amont et par deux versants contraires ainsi que selon une distribution des espaces. Par souci du « bien être » de leurs publics, les instances culturelles – éditeurs, producteurs, diffuseurs – ménagent en effet leur sensibilité en modifiant, voire en annulant les scènes ou les expressions supposées traumatisantes. Plus que la promotion des produits *feel good* censés apporter du bonheur, la généralisation progressive des «sensitive readers», employés par les maisons d'édition, en Amérique du Nord et désormais en Europe, pour traquer les phrases et scènes controversées, s'inscrit dans cette prise en charge du ressenti des lecteurs. Au départ de cette pratique, le souhait d'éliminer les mots insultants et les clichés racistes manifestait le respect dû à toutes les catégories humaines. Cependant, son extension au-delà de la lutte contre la discrimination des minorités concerne à présent tous les publics, indiscriminés, qu'on veut préserver des émotions négatives, ne favorisant que les impressions positives.

Ce principe de précaution des risques émotionnels justifie les *trigger warnings* – avertissements – accompagnant les films, les pièces de théâtre, les livres et même certaines informations. «Attention, certaines images, scènes, expressions peuvent choquer», prévient-on le public adulte selon la gamme des actes disruptifs : des personnages font l'amour, fument, se battent, s'injurient, se tuent… Ainsi, le théâtre du Globe à Londres, fameux pour ses représentations de Shakespeare, a-t-il averti les spectateurs qui allaient voir *Roméo et Juliette*[9], de scènes

---

9. https://www.thetimes.co.uk/article/globe-theatre-issues-trigger-warnings-for-romeo-and-juliet-cqc7qvx0t

choquantes. L'usage de drogues, le faux sang, le suicide constituent un «*sensitive content*» que le public de 2021 pourrait ne
pas supporter. Le théâtre a même communiqué les coordon-
nées de services d'assistance psychologique, propres à traiter
les personnes meurtries par un tel spectacle, susceptible de
réveiller des souvenirs traumatiques, notamment sexuels. À ce
compte-là, d'*Ajax* à *Bajazet,* tout le théâtre grec, latin, élisa-
béthain et classique, présente un danger éminent et dont les
publics de ces époques, sans ligne téléphonique d'assistance,
souffraient sans mot dire.

Une telle surprotection[10] vise à épargner l'expérience de la
réalité pour lui substituer une version lénifiante. Précisément,
la représentation du réel vient masquer la réalité qu'elle transforme en terrain d'expérience émotionnelle où sont identi-
fiées et distribuées des pratiques encadrant le ressenti des
usagers. Un savoir accompagne ces ressentis, répartissant les
types d'émotion, qu'on enseigne même aux enfants pour leur
apprendre à les repérer et à les apprivoiser. La colère, la peur,
la tristesse, la joie, le dégoût, comme dans le film Disney,
Vice Versa, résument cette psychologie sommaire à partir de
laquelle organiser la vie des petits et ménager les activités
culturelles des plus grands. L'avertissement traite ces derniers
– lecteurs et spectateurs – en mineurs, selon un paternalisme

---

10. Bret Easton ELLIS, dans *White* (Robert Laffont, 2019), montre que ce
changement est survenu lors des dernières décennies, avec la généralisation d'une
culture du *like* où disparaissent toutes les aspérités et les transgressions.

bienveillant. Sous cette grille de catégories, les émotions des publics visés sont présupposées, planifiées et gérées, expurgées des sources d'inconfort. Voulez-vous des émotions fortes, nous vous proposons des lieux pour cela, musées et centres d'art conventionnés, pour le reste, nous vous épargnerons d'être confrontés au réel.

Le gouvernement par les émotions a toujours été la marque des régimes autoritaires, cependant que les démocraties étaient supposées en appeler à la raison des citoyens. Ceux-là manipulaient les masses par la peur, la sidération, la foi, le nationalisme[11], ceux-ci favorisaient l'éducation, la connaissance, le débat d'idées. Cependant, les sociétés dites libérales canalisent et distribuent les émotions pour le bien supposé des individus. Ainsi, les chocs émotionnels sont soit écartés, soit provoqués, gérés dans des lieux encadrés à l'intérieur d'une société policée. Cette économie traite le sensible à l'état brut, sans admettre sa complexité ni l'articuler à un artefact visuel ou narratif. Reposant sur une psychologie sommaire, elle considère le sensible comme une chose naturelle, sans médiation : il y a le sensible et il faut le gérer, l'organiser, ignorant qu'il est toujours lié à du psychique, du politique, du fictionnel et qu'il n'est jamais pur. Car nous ressentons le monde selon un palimpseste de valeurs, de mémoire personnelle et culturelle, charriant des hiérarchies et des codes. La réduction du sensible

---

11. Voir Eva ILLOUZ, *Les Émotions contre la démocratie*, Premier Parallèle, 2022.

à des affects sommaires lui donne paradoxalement une apparente autonomie et une supériorité sur le jugement de raison. Nulle surprise alors que les produits issus de cette économie minimale relèvent du premier degré, notamment lorsque les romans ou les films ne présentent plus que des personnages aimables et n'exposent que la victoire des bons sentiments. Le philosophe Marcuse avait déjà analysé ce type de digestion des forces oppositionnelles et transgressives. Le génie du capitalisme, selon lui, tient à ce qu'il transforme ce qui le conteste en objets culturels pour la consommation de masse et le divertissement. *Madame Bovary*, au lieu d'incarner la révolte suicidaire d'une femme face à une réalité décevante, règlerait désormais ses problèmes en allant voir un psychothérapeute. Elle apprendrait, aujourd'hui, à « gérer ses émotions ».

La suprématie conquérante du « ressenti » relève d'une épistémologie, c'est-à-dire d'une étude des catégories qui ont, à un moment de l'histoire, imposé une grammaire, des notions, des valeurs dans plusieurs domaines de la société. En l'occurrence, la psychiatrie, mais aussi la justice ont été largement investies, dans leurs discours et pratiques, par les notions liées au ressenti, et massivement à travers les analyses sur la douleur et les traumas. Si la définition de la « victime », dans la situation de subir un tort, paraît évidente, en revanche, la qualification et l'identification de sa souffrance font l'objet de nombreux ajustements. Ces réévaluations n'appartiennent pas seulement aux champs disciplinaires. Elles dépendent étroitement des discours contemporains par lesquels sont établies des catégories d'offense et de blessures.

Les savoirs qui se sont construits autour du traumatisme – dont on pourrait cependant parler au pluriel, tant il y a différents types de chocs – donnent l'impression d'une vérité que l'attention et l'expérience ont permis de découvrir. Certaines souffrances sont des faits qui ont été ignorés et dont la connaissance permet un meilleur traitement, psychiatrique et/ou judiciaire. Sans nier ces recherches et ces découvertes sur les souffrances ressenties et leurs conséquences, il faut noter combien l'inflation des études – le développement des *trauma studies* depuis les années 1990 – correspond à une évolution des mentalités. La catégorie de « victime » y est associée et définit un large spectre où se distribuent des places symboliques. Être victime ne désigne plus seulement un état, mais donne un statut. Et même l'institution judiciaire accorde un nouveau droit aux victimes lorsqu'elle évalue leur souffrance et détermine le tort et la réparation en jaugeant leur trauma. C'est pourquoi l'on parle désormais du « victimaire » pour désigner ce discours qui valorise le ressenti de la douleur, plus important que les faits authentifiés.

Cependant, la mesure d'une souffrance s'avère complexe, non seulement parce qu'elle dépend du « ressenti » de chacun – les médecins proposent aux patients de la déclarer sur une échelle de 1 à 10 –, mais aussi parce qu'elle n'est pas quantifiable objectivement. Une douleur peut être vive et brève, lancinante et durable, indicible et rémanente… Il faut donc un discours pour la formuler. C'est pourquoi les standards narratifs sont devenus si prégnants et si communicatifs : la manière d'exprimer et de raconter sa douleur s'inscrit dans une grammaire qui a ses codes et impose à la fois des façons de dire et de ressentir. Les victimes sont incitées à «parler», car la mise en mots fait partie de la réparation psychique. Toutefois, le langage impose des normes de représentation et formate jusqu'à la douleur elle-même. L'assistance nécessaire apportée aux victimes, que ce soit dans des situations individuelles – inceste, viol, harcèlement professionnel – ou collectives – attentats, crimes de masse, catastrophes aériennes ou naturelles – a été institutionnalisée, notamment à travers des «cellules d'aide psychologique». Elle «assiste» et construit le discours du trauma.

Alors que la douleur psychologique et la parole des victimes ont été refoulées pendant des siècles, elles ont trouvé, à la fin du XXe siècle, une reconnaissance qui a conduit à un renversement de la relation entre le fait et le ressenti, ce dernier prenant le dessus et occultant parfois la réalité du tort. Parmi les exemples fameux d'un tel changement, le monde militaire qui avait pour coutume de ne jamais tenir compte des troubles psychologiques de ses soldats, considérés comme des faiblesses ou des mensonges, reconnaît désormais les maladies mentales et surtout les «troubles de stress post-traumatique»

(PTSD), une catégorie établie par la nosographie psychia-trique. Le traumatisme n'est plus seulement un mal que la médecine peut soigner, mais aussi un argument pour obtenir un statut, des droits et des réparations[12]. D'où l'importance du discours de la victime pour identifier son trauma dans les formes narratives de cette grammaire générale de la victi-mologie. Sans nier le progrès moral et social apporté par cette reconnaissance des traumas, on peut s'interroger sur ce nouveau savoir, sa vérité et son objectivité. Car une fois que le présupposé du trauma est avancé, toute une série d'arguments et de protocoles vient servir la cause des victimes. Le mot lui-même, trauma, produit un effet sidérant et quasi magique, indiscutable, imposant le respect. Mais toutes les douleurs et tous les abus relèvent-ils d'un même diagnostic? La recon-naissance d'un choc dispense-t-elle d'analyser les faits et les vécus singuliers, avec nuance et distinction?

Remettre en cause l'évidence du trauma en ramenant l'attention vers les faits et la complexité psychique expose à des accusations graves. Le philosophe et anthropologue, Ian Hacking, a pris ce risque en interrogeant l'invention de concepts tel que l'«abus sur enfant». Il montre notam-ment l'effet discursif produit par l'expression elle-même qui engendre d'abord une croyance puis une conviction, et qui a

---

12. Voir l'histoire de ce renversement et des ambiguïtés de la notion de traumatisme in Didier FASSIN et Richard RECHTMAN, *L'Empire du traumatisme, enquête sur la condition de victime*, Flammarion, 2007.

modifié jusqu'à la façon de regarder tous les enfants comme des victimes sexuelles potentielles. La « sensibilité » morale s'est trouvée modifiée par ce qui est devenu une évidence et un principe explicatif[13]. Tout en affirmant l'importance considérable d'une nouvelle attention aux sévices subis par les enfants, Hacking s'est retrouvé accusé de soutenir la pédophilie par le seul fait qu'il interrogeait les catégories – inceste, sexualité, effets à long terme… – qui participent à la constitution d'un « objet de connaissance ». Tenir le cap de l'analyse objective et factuelle semble impossible, voire condamnable. L'empire de la sensibilité et la sacralisation des victimes conduisent en effet à criminaliser toute personne qui tente de questionner les données et les preuves scientifiques, au lieu de témoigner de sa compassion.

Indiscutable, la notion de trauma est aussi un argument juridique pour faire valoir des plaintes individuelles ou collectives. Le préjudice moral donne droit à des indemnisations dont les montants sont proportionnels à l'intensité du trauma. Ce n'est donc pas la nature du tort commis selon des faits établis, mais le degré de souffrance qui l'emporte pour fixer

---

13. « L'abus sur enfant est à la fois un mal absolu, et un principe de causalité puissant. Nous avons beau disposer de peu de preuves formelles du fait que l'abus sur enfant produise de terribles séquelles à l'âge adulte, ces séquelles hypothétiques sont pourtant devenues un lieu commun pour les psychiatres, les scientifiques, les travailleurs sociaux, et les profanes. Ce savoir affecte l'image que les individus se font d'eux-mêmes. », Ian HACKING, *L'Âme réécrite*, Les Empêcheurs de penser en rond, 2006, p. 111.

la peine et la compensation. Le domaine de la justice est lui aussi perméable à cette nouvelle grammaire qui valorise les notions de vulnérabilité, de blessure psychique, de comorbidité, de résilience, et que l'on retrouve dans d'autres champs, notamment académiques, où les notions de soin (le *care*) et d'empathie attirent les chercheurs en philosophie, littérature et sciences humaines. Depuis les années 1980, l'intérêt pour les blessés de toute nature a connu un accroissement spectaculaire dans les études et publications universitaires soucieuses de l'attention, de la prévenance, de la sollicitude vis-à-vis des accidentés, meurtris et offensés[14].

Nulle surprise dès lors que des revendications sociopolitiques soient portées par cette monstration, voire cette compétition de la souffrance. La « concurrence des mémoires » en est la conséquence et l'illustration. Au lieu d'une solidarité entre des groupes ayant subi des atrocités telles que des génocides et des déportations, c'est une lutte des victimes pour afficher la supériorité de leur souffrance qui nourrit les plaintes et les demandes de réparation. Une telle rivalité a entraîné toute une série de manipulations historiques pour relativiser les persécutions des uns ou raconter la souffrance des autres selon une version biaisée. Les histoires des Juifs, des esclaves africains, des Arméniens, des Palestiniens, des Indiens, des Rwandais

______

14. Le succès des travaux de Carol GILLIGAN (*In a Different Voice*, Harvard University Press, 1982) s'est répandu en France sous le nom d'une « éthique du soin ».

se retrouvent prises dans des batailles pour la reconnaissance. Camus observait qu'il n'y a pas de balance pour comptabiliser le malheur : les victimes ne s'équilibrent pas, elles s'additionnent. Mais le règne du victimaire favorise le révisionnisme historique. L'emploi indifférencié des notions de génocide, d'apartheid, ou de diaspora a fait perdre à ces mots leur vérité factuelle et historique. Chaque groupe victimaire vise à faire reconnaître la supériorité de son traumatisme à partir du lexique victimaire.

La vénération mémorielle et l'importance donnée au passé dans l'identification de soi et de son appartenance à un groupe ont aussi modifié le rapport à l'histoire et à l'exactitude des faits. Le trauma est en effet transmissible et les victimes, même si elles n'ont pas vécu le tort, revendiquent d'en porter la trace et les stigmates. Sans aucun doute, la sociologie montre aisément que l'infériorité de certaines populations dans l'accès aux positions dominantes est directement héritée de la discrimination qu'ont subie leurs ancêtres. Cependant, la souffrance psychique est moins facilement évaluable et relève de l'intériorisation d'un vécu par procuration. Avoir un passé, cela relève d'un fait, être son passé appartient plutôt à la projection imaginaire. Nombre de « descendants » de rescapés ou d'esclaves trouvent dans cet héritage, et même cette psychogénéalogie, une identité victimaire qui s'alimente à des narrations traumatiques. C'est ainsi que la reconnaissance politique nécessaire d'un passé, qui a été longtemps nié et sous-estimé par les groupes dominants, a pris un tour psychocommunautaire qui fétichise la mémoire plus qu'il ne travaille à la vérité des sources historiques. Devenu un marqueur identitaire, le trauma est sacralisé et toute modification de son récit est considérée comme un tabou. Ainsi, les polémiques sur les études documentant l'ampleur de la traite arabe des esclaves subsahariens, accusées de diminuer l'importance de la traite transatlantique, témoignent de cette compétition mémorielle, alors que ces travaux historiques sont complémentaires et non concurrents.

Toute nuance apportée à une narration mémorielle est reçue comme une attaque et une offense. Car la discussion ne porte plus sur des faits discutables et vérifiables, mais elle touche à une représentation imaginaire et sacralisée à laquelle des groupes se sont identifiés. Le traumatisme collectif a en effet été intériorisé grâce à des récits génériques – livres de témoignage, discours psychologiques et médiatiques – qui ont mis en forme des sentiments obscurs, et même les ont parfois fabriqués. L'expression de soi s'exerce dans les mots des autres, devenus standard narratif. Le sentiment du tort et de l'offense devient alors une défense psychique. Légitime parce qu'elle s'appuie sur une réalité qu'il a fallu lutter pour la faire connaître, cette défense n'en devient pas moins paranoïaque lorsqu'elle sous-estime les faits au profit du seul ressenti. Le raisonnement factuel est alors disqualifié, rendu impertinent au double sens de ce terme : sans relevance et insolent. Tout ce qui vient interroger une croyance est jugé offensant. Le règne victimaire qui encourage chacun à se sentir attaqué a conduit à « sensibiliser » chacun aux « micro-agressions » dont peuvent souffrir des individus en raison de leur appartenance à un groupe – ethnique ou sexuel le plus souvent. La prise de conscience des offenses bien réelles, commises de façon souvent inconscientes par les groupes majoritaires, à travers certaines expressions ou attitudes, a conduit à l'utopie d'un monde immunisé et innocent. L'organisation de *safe spaces*, lieux étanches et homogènes où les membres d'une communauté seraient à l'abri de toute agression extérieure, concourt à privilégier la construction d'une auto-immunité plutôt qu'à l'étude et à la dénonciation des injustices. La rencontre avec l'altérité, la confrontation avec le différent, la discussion d'arguments contradictoires s'effacent et les victimes se retrouvent entre elles dans des groupes « non mixtes », favorisant des activités séparées. Ainsi, l'organisation des remises de diplômes distinctes pour les étudiants asiatiques, sud-américains, noirs ou homosexuels sur nombre de campus américains consacre une telle séparation au nom d'espaces dénués d'offense. Le monde se recompose de manière binaire en dedans et en dehors, sans échange verbal, celui des autres étant par principe insensible et dangereux[15].

Un tel évitement de la discussion sur les faits et les torts, au nom du ressenti traumatique, ramène à la question décisive

---

15. Voir Bradley CAMPBELL and Jason MANNING, *The Rise of Victimhood Culture*, Palgram Macmillan, 2018, et Caroline FOUREST, *Génération offensée. De la police de la culture à la police de la pensée*, Grasset, 2020.

de la vérité dans le domaine du psychisme. Qu'est-ce qui est vrai dans ce que l'on ressent? Les souvenirs qui surgissent donnent-ils accès à ce qui s'est réellement passé? La mémoire est-elle un composé de projections, de manipulations qui mêlent des désirs et des fantasmes? À l'origine de la psychanalyse, la notion de trauma a été l'objet d'une controverse sur le statut, les effets et la vérité de cette blessure psychique. L'hypothèse scientifique d'un choc inconscient, inspirée des travaux de Charcot sur l'hystérie, a permis à Freud de penser les effets et les modes de réapparition de cet événement dans la vie d'un individu. La cure psychanalytique passe par la remémoration et l'accès à ce moment traumatique. C'est donc la découverte d'une vérité intime au cœur de la mémoire inconsciente qui est visée par l'analyse. Or Freud, et c'est là tout l'intérêt de cette recherche dans les méandres du souvenir, a mis au jour les nombreuses stratégies d'évitement et de recomposition qui empêchent d'accéder directement à cette source : des faux souvenirs, écrans ou couvertures, viennent se substituer à l'événement traumatique et se présentent comme des vérités, autant de leurres qui donnent à penser qu'on a vraiment vécu et ressenti des choses.

La pratique psychanalytique enseigne plusieurs principes à l'égard de la vérité du trauma : tout d'abord qu'on ne le supprime pas en le découvrant. Une conception simpliste de la catharsis – purgation – fait croire qu'on l'évacue. Mais l'analysant apprend plutôt à en gérer les effets, à vivre avec lui.

Ensuite, la pratique de la réminiscence montre que ce passé reste opaque et qu'il est souvent réinventé, car la vérité est revisitée depuis le prisme du présent. Le regard sur le trauma est conduit par des désirs, inconscients aussi, entraînant des projections, des réélaborations, ce qui conduit l'analyste à les laisser s'exprimer tout en suggérant d'aller plus profondément dans la mémoire. Bien qu'il soit terrible à « revivre », il peut y avoir un plaisir obscur à se représenter un trauma s'il permet d'exprimer contradictoirement des désirs tabous. L'approche psychanalytique du traumatisme apprend, plus généralement, que la vérité du passé est gouvernée par le présent qui la reformule et la représente à sa façon. Ce passé n'est donc pas «vécu» une seconde fois tel qu'il a été vécu autrefois. Il est accessible par des détours et à travers des faux-semblants.

Cependant, un tel constat ne signifie pas la relativité et l'artificialité de la vérité traumatique. Une version naïve de la cure psychanalytique consisterait à prétendre que toute version donnée par l'analysant est bonne à prendre et à entériner si elle lui fait du bien, ce que suggérait le psychologue Pierre Janet, à la même époque que Freud. De fait, les analysants se racontent beaucoup d'histoires et inventent des récits commodes pour se rassurer sur eux-mêmes et mieux refouler ce qui cause des douleurs ou des hontes. «Le dossier est enfin clos» croit l'analysant qui a découvert une vérité bien ficelée. Mais pour Freud, qui connaît ces ficelles, admettre qu'une vérité est toujours revisitée n'est pas une raison pour raconter n'importe quoi. Même si l'on n'est jamais sûr d'accéder au cœur du traumatisme, il importe de maintenir l'hypothèse que cette vérité existe et de poursuivre sa quête à travers les faux souvenirs. La psychanalyse ne cède donc pas sur la question de la vérité, même si elle en met au jour les leurres.

L'appropriation culturelle de la vérité

Lorsque ce travail de remémoration vers la vérité du passé est gouverné par des enjeux identitaires et politiques, la mémoire douloureuse est encore plus sujette aux simulacres.

La vérité du sujet se trouve engagée dans un discours collectif qui l'amène à penser sa psyché dans les représentations du groupe qui a souffert. Se sont ainsi constituées des « cultures » traumatiques nourrissant ce qu'on appelle, aux États-Unis, *Identity Politics*, et devenues prépondérantes depuis la fin du XXe siècle. Des groupes identitaires, fondés sur des communautés d'ethnie, de genre, d'orientation sexuelle ou de classe sociale, revendiquent leur histoire propre et la constituent en patrimoine, de sorte qu'ils ont un sentiment d'appartenance et de propriété. Ces communautés détiennent la vérité de leur histoire, de leurs combats et représentations, au nom d'une transmission d'expérience et d'un partage exclusif. Elles interdisent aux autres, exogènes, de parler en leur nom et de s'approprier une mémoire qui n'est pas la leur.

La critique des appropriations culturelles fait ainsi l'objet, depuis une vingtaine d'années, de nombreuses polémiques et de mesures coercitives. Nombre de cas ont été largement commentés, opposant d'un côté la critique d'une culture dominante et prédatrice, de l'autre, la liberté des interactions culturelles. Au lieu d'énumérer les exemples souvent caricaturaux et dénoncés sous les termes de *woke* et d'anti-*woke*, nous aborderons cette question sous un angle philosophique pour définir la notion de propriété immatérielle. Nous traiterons de la vérité et des faits, plus que des guerres culturelles qui opposent des opinions morales.

Tout d'abord, sur quoi se fonde la critique de l'appropriation ? Elle s'exerce au nom d'une vérité refoulée que des communautés veulent honorer. C'est donc une volonté d'extirper des faits, de faire valoir ce que l'histoire des vainqueurs a occulté. Le désir de reconnaissance, voire la fierté reconquise, prévaut dans la revendication d'une mémoire propre. Une histoire collective a été minorée sous prétexte qu'elle est métèque, au sens où elle n'est pas de la maison commune. Elle survit à l'effacement sous la forme d'une curiosité exotique. Il suffit de songer à la représentation du passé colonial, dans les livres ou les expositions, pour constater combien ces cultures étrangères ont été résumées à des clichés racistes. La réduction des cultures étrangères à des motifs dits « ethniques » – l'ethnie, c'est toujours l'autre – témoigne de cette dénaturation d'un patrimoine vivant qui ne sert plus qu'à la consommation culturelle de produits exotiques, sortis de leur contexte, et donc *désappropriés,* ce que l'on peut entendre comme un «vol de propriété». L'esthétisation de l'étranger entraîne une dé-signification de ses références devenues, une fois appropriées par la culture majoritaire, des éléments anecdotiques et divertissants, ce qu'on appelle l'exotisme. Il y a deux façons de déréaliser l'altérité : en renforçant son étrangeté au point de la transformer en stéréotypes ou en l'assimilant pour l'intégrer à titre de motifs dans une décoration générale. Le réel est alors nié par sa représentation même, et ses ersatz sont joués et parodiés par ceux qui en usent telles des marionnettes – une coiffure, un vêtement, une histoire, une musique deviennent des signes déconnectés de leur référent et réaffectés dans une grammaire exogène.

La critique de ces appropriations culturelles apparaît d'abord comme une réaction à la déréalisation de la culture des autres. Elle ré-établit le réel historique qui a été masqué par sa mise en scène. C'est au nom d'une ré-appropriation et d'une remémoration que s'exerce cette volonté de reprendre la parole et de dire l'histoire au nom de ceux qui l'ont vécue et faite. Alors que les maîtres de la représentation et de la langue ont parlé et joué à la place des peuples minorés, les sans-voix et les invisibles réclament ainsi d'être présents, de faire voir et entendre une culture qui avait été effacée. La déconstruction des stéréotypes que les Européens ont développés, notamment sur l'Orient ou l'Afrique, depuis le XVIIe siècle, est menée aujourd'hui sous l'égide de la critique «décoloniale». Un tel mouvement semble donc concourir aux rétablissements de la réalité et de la vérité.

Cependant, l'histoire sociopolitique, que ce soit celle de la décolonisation ou des mouvements d'émancipation sociale – histoire des femmes, des homosexuels, des ouvriers, des minorités ethniques ou religieuses –, témoigne que la réalité retrouvée est souvent l'objet d'une réécriture qui élabore une contre-narration légendaire. Sans aucun doute, le récit national est une partie intégrante du mouvement de réappropriation d'un territoire, d'une culture et d'une mémoire. Une mémoire collective permet l'unification d'individus que l'oppression avait atomisés. Il est nécessaire de raconter une nouvelle histoire dans laquelle les anciens opprimés peuvent se reconnaître. C'est ainsi que des mythes ont accompagné les indépendances : l'origine, l'autochtonie, l'authenticité, la généalogie, la communauté immune. La réalité retrouvée subit alors une torsion et n'est plus accessible qu'à travers ces mythologies qui deviennent parfois des dogmes révisionnistes. L'Histoire est révisée au point que l'imaginaire traumatique et héroïque l'emporte sur la vérité des faits, au profit de la cohésion d'un peuple ou d'un groupe d'intérêt. Certes, aucune nation – état ou peuple, colonisatrice ou ex-colonisée – n'échappe aux narrations légendaires, cependant lorsque les affects puissants nourrissent le récit collectif, le souci de la vérité se heurte à la sacralisation de la mémoire.

À qui «appartient» une histoire collective avec sa culture et son héritage? Et qui a le droit de l'étudier, d'en parler, de la représenter et de s'en inspirer? Tout d'abord, il importe de distinguer entre propriété matérielle et immatérielle. D'un point de vue juridique, le «pillage» culturel concerne des objets qui ont été spoliés. La restitution d'œuvres volées ou achetées dans des conditions inéquitables participe de la reconnaissance d'un patrimoine culturel, comme en témoigne la «déclaration de Dakar» qui a associé, en 2023, une soixantaine de directeurs de musées prêts à collaborer. Que ce soient les bronzes du Bénin ou les sculptures du Parthénon que refuse encore de rendre le British Museum, il s'agit assurément d'appropriations objectivement contestables. En revanche, la propriété immatérielle est une notion plus discutable. Elle suppose qu'il existe des identités culturelles non physiques. Cette caractérisation semble justifiée quand on parle de pensée chinoise ou d'art africain, cependant elle relève aussi d'une construction a posteriori qui unifie des usages passés et les essentialise. Elle définit des traditions de styles et les identifie à des populations. Il y aurait donc des idées, des images, des sonorités qui appartiendraient en propre à des cultures qu'on pourrait qualifier d'homogènes, d'autochtones, d'authentiques. Une telle conception a trouvé une application juridique avec le classement, par l'UNESCO, d'un «patrimoine culturel immatériel» qui se renouvelle chaque année et élit «des pratiques, représentations et expressions, des connaissances et savoir-faire que les communautés et les groupes et, dans certains cas, les individus, reconnaissent comme partie intégrante de leur patrimoine culturel »[16]. Ainsi la sonnerie des cloches en Espagne, la baguette de pain en France, la rumba congolaise, tout comme le rituel pour amadouer les chamelles en Mongolie font partie de ces biens que l'organisme des Nations unies veut sauvegarder. La notion de patrimoine inscrit les biens culturels dans une logique d'héritage et de transmission, elle souscrit donc à l'idée de biens et de propriétés immatériels communautaires, tout en leur assurant la protection de l'humanité.

Pour éclaircir ces questions de propriété et d'appropriation culturelles, et savoir si elles reposent sur des réalités objectivables ou des imaginaires identitaires, il est nécessaire de clarifier les termes et d'interroger ce qu'on appelle le « propre ». Il ne suffit pas de dire, comme le premier homme de Rousseau, à l'origine de l'inégalité parmi les hommes, « ceci est à moi ! » pour que soit légitimée la possession. Revendiquer la propriété d'une culture implique davantage une essence sur le modèle de « c'est le propre de l'homme ». Que ce soit la faculté de penser, de tenir un outil, de rire ou d'être social, la philosophie, depuis l'Antiquité, a régulièrement identifié ce qui distingue l'humain des autres animaux. Plusieurs termes, en grec ancien, tournent autour de ce qu'est le propre. *Idios* renvoie à ce qui est privé et singulier, le mot désigne aussi

____

16. https://whc.unesco.org/en/glossary/86/

le caractère propre de quelqu'un ou de quelque chose. Il est ambivalent, car il se rapporte aussi bien à l'individu distinct des autres qu'au groupe auquel il appartient en propre. Si l'on applique cette notion d'*idios* au patrimoine culturel, on dira que le style d'un artiste, Picasso par exemple, est strictement le sien, celui qu'il a inventé, sa signature. Toutefois, on pourra désigner aussi le mouvement cubiste et dire que c'est le propre de certains artistes d'employer des formes géométriques. Nous pourrions compliquer encore plus la question en évoquant les références de Picasso aux masques africains dans sa peinture, mais restons pour l'instant dans la clarification du langage.

Du côté de la propriété, pas seulement de nature, et pensé plutôt à l'aune de la maisonnée, le mot d'*oikos* désigne les êtres et les biens rattachés à une maison. Il distingue ce qui est proche, familier, propre, de ce qui est étranger (*allotrion* ou *métoïkos*). Le langage de la parenté est associé à celui de l'habitation, incluant les familiers, ceux qui sont apparentés. Plus généralement, *oikeion* dit l'action de rendre proche et propre, d'associer quelque chose ou quelqu'un à la maisonnée. L'*oikeiosis* est précisément un mot employé par les philosophes, surtout les stoïciens, pour définir «l'appropriation». Chaque être reconnaît ce qui lui appartient en propre, que ce soient les biens, les parents ou les amis. L'appropriation, loin d'être une usurpation comme on l'entend aujourd'hui, est une attitude naturelle qui n'est pas garantie par une loi fixant la propriété. Le débat entre les philosophes antiques consiste alors à savoir ce qui légitime ce sentiment de propriété, non pas l'héritage, ni la possession matérielle, mais la manière d'en user. Ce qui m'est propre est ce dont je fais un bon usage moral.

Le mot propre, en français, ou *proper* en anglais, hérite de ces ambivalences, bien qu'il vienne du latin *proprius*, composé de *pro* (pour) et de *privus* (particulier). Désignant ce qui est propre à un être ou une chose, il a pris le sens d'une possession, suivant l'histoire du « droit de propriété » et de sa fixation au Moyen Âge. Posséder une terre et un nom, puis pouvoir les transmettre, ces actes et états ont été codifiés en même temps que les filiations légitimes. Le sens notarial est doublé par celui de l'hygiène, surtout au XVIIe siècle qui l'emploie pour qualifier ce qui est soigné. Les deux significations fonctionnent avec leurs opposés, impropre et malpropre, ajoutant l'immoralité et la saleté à ce qui est illégitime. L'anglais conjugue les qualités morales et ontologiques en utilisant *proper* pour ce qui est convenable, acceptable, « approprié », opposé à « inappropiate », pour parler d'un comportement. Il a d'autres mots pour la propriété (*own, property, belongings*), la singularité (*peculiar*) et la propreté (*clean*). *Proper* ne reprend pas l'imaginaire généalogique qui identifie une essence patrimoniale, qu'elle soit humaine, familiale, ou culturelle, et s'en tient à la conformité à un code établi.

À travers ce buisson de significations, comment comprendre l'expression d'« appropriation culturelle »? Elle désigne assurément une entreprise de spoliation venue d'individus n'ayant pas de lien de parenté avec la culture qu'ils mobilisent. Plutôt que de reprendre le sens d'une convenance des choses, des idées ou des êtres « appropriés », elle impose l'assignation. Le paradigme généalogique y est repris avec tout ce qu'il charrie sur l'identité naturelle, ethnique ou raciale. L'affirmation d'une propriété culturelle suppose qu'on appartient naturellement à un groupe de « descendants » légitimes et qu'on hérite d'une culture comme de biens matériels. Le « propre » impliquait déjà cette essentialisation de l'humanité lorsque Platon lui assignait des fonctions ontologiques, selon lesquelles « le propre de l'homme » est ceci ou cela. Il devient ethnicisé et particularisé avec la propriété culturelle qui serait celle d'une population spécifique. L'imaginaire de l'origine, de la filiation, de la descendance, de l'autochtonie, de l'identité racine alimente ce sentiment d'avoir en propre des valeurs, des images, des sonorités, des usages que les autres – exogènes, étrangers, illégitimes – ne sauraient connaître de l'intérieur, ni n'auraient le droit d'emprunter.

La grammaire à laquelle se réfère la critique des appropriations culturelles témoigne combien la reconnaissance d'une culture et d'une histoire s'est transformée en un récit auto-immunitaire qui vise non plus à la vérité, mais à la légende. Les mythes ont remplacé les faits et la clôture de la mémoire, détenue par des propriétaires plus que par des historiens, interdit qu'on la mette à l'épreuve du réel. Ceux qui voudraient la documenter, l'interroger, l'interpréter, la jouer, l'hybrider, sans motivation identitaire… se trouvent accusés de vol, d'imposture et de néo-colonialisme. Au Canada et en France, l'affaire *Kanata* fut un révélateur de ce conflit entre les tenants de la propriété culturelle par une ethnie et les praticiens de l'interculturalité. La pièce montée par le metteur en scène canadien, Robert Lepage, évoquait l'histoire des premiers habitants du pays et était fondée sur une large documentation, nourrie d'entretiens avec les descendants de ces peuples que l'on appelle tantôt premiers, natifs, indigènes ou autochtones. Destinée à rendre justice et mémoire à ces populations, particulièrement des femmes disparues, persécutées par les colons blancs, l'œuvre fut cependant contestée, car sa représentation n'incluait pas des acteurs autochtones. L'attaque menée par des collectifs autochtones, et relayée par des intellectuels dénonçant les appropriations culturelles, conduisit au retrait des soutiens financiers et à une première annulation. Le spectacle devait être joué en France, à l'invitation de la metteuse en scène Ariane Mnouchkine dont la troupe, au Théâtre du Soleil, célèbre pour son cosmopolitisme, est composée d'une trentaine de nationalités. Connue pour mettre en lumière, dans ses spectacles, des histoires traumatiques, comme celles du Cambodge, de l'Afghanistan ou du Tibet, engagée pour les migrants de toutes origines, elle n'était a priori pas soupçonnable de néo-colonialisme. Cependant, et malgré le travail d'enquête et le soutien aux peuples autochtones, elle fut accusée de représenter une histoire qui n'est pas la sienne et de ne pas confier les rôles à des acteurs autochtones, seuls légitimes. Après de vaines tentatives de conciliation, Mnouckine a maintenu la représentation en rappelant qu'au théâtre, les acteurs jouent des personnages qu'ils ne sont pas dans leur vie. On n'a pas besoin d'être Chinois pour jouer des Chinois ni gay pour jouer des gays. Elle adopta ainsi une position à l'inverse de l'éthique américaine – canadienne et étasunienne – et s'éleva contre le principe de la « propriété » culturelle : « les cultures ne sont les propriétés de personne. Aucune borne ne les limite, car, justement, elles n'ont pas de limites connues dans l'espace géographique, ni, surtout, dans le temps. Elles ne sont pas isolées, elles s'ensemencent depuis l'aube des civilisations. »[17]

L'éthique de la propriété culturelle, contre la pratique du jeu et de l'interculturalité, suppose que le discours légitime sur l'histoire et la culture d'un peuple appartient à ses membres et ses descendants. Au-delà du débat sur la nécessité de rendre visibles des populations sur des scènes de théâtre, dans des films et des livres, alors que les personnes majoritaires ou dominantes parlaient à leur place, ce qui intéresse notre question tient à la *vérité* de l'histoire. Disqualifier un travail historiographique ou esthétique, au nom d'une auto-représentation par un groupe de sa propre mémoire, introduit une

---

17. https://www.theatre-du-soleil.fr/fr/a-lire/ariane-mnouchkine-les-cultures-ne-sont-les-proprietes-de-personne-4263#:~:text=Or%20les%20cultures%20ne%20sont,depuis%20l%27aube%20des%20civilisations

conception endogamique de la vérité. Celle-ci n'est plus véri-fiable, elle n'est plus garantie par des faits, elle n'est même plus partageable. Vérité vécue, la plupart du temps vécue dans l'imaginaire, elle est en fait une appropriation par ceux qui s'estiment propriétaires d'un récit historique. Au nom d'une version communautaire et perspectiviste de l'histoire, ou plutôt «des» histoires, la vérité historique est devenue l'ex-pression des intérêts d'un groupe. Ce droit de propriété d'une culture spécifique ressemble au droit d'auteur, par lequel un artiste ou un écrivain se protège de la copie et de l'utilisation abusive de son œuvre. Cependant, les descendants ne sont pas des auteurs, ce sont des héritiers. De quoi héritent-ils exacte-ment? Souvent d'une situation qui a répété des injustices et qui relève du droit concernant l'égalité de traitement. Le droit des biens n'est toutefois pas identique au droit moral et, tant qu'il ne s'agit pas de spoliation d'œuvre, il n'y a pas de viola-tion culturelle lorsqu'une personne non descendante se mêle de la vérité historique d'un autre groupe que le sien.

Contre le dévoiement de la vérité historique et l'appro-priation abusive de la mémoire par ses «héritiers», le poète et philosophe martiniquais, Édouard Glissant, a apporté une contribution décisive. Son œuvre poétique, romanesque et philosophique a beaucoup favorisé la réévaluation de la culture caribéenne. *Le Discours antillais*, paru en 1981, a été un volumineux manifeste pour documenter et identifier ce qu'a été la création d'une culture singulière par les esclaves déportés d'Afrique. Dégageant cet apport de sa définition périphérique, celle d'un folklore ne trouvant son identité que dans son origine africaine, Glissant a montré comment s'étaient constituées des langues, des musiques, des représentations mentales distinctes à la fois des sources africaines et de la culture coloniale française. Cette documentation, faite d'enquêtes et d'archivages, a permis d'atteindre une vérité historique jusque-là refoulée. Le recueil poétique *Les Indes* a aussi retracé les grandes étapes de ce récit historique, commençant avec la traversée de l'Atlantique par les conquérants à la Renaissance, se poursuivant avec la traite transatlantique et se terminant par l'invention d'une culture, sous le nom de Relation. Parmi les volumes de l'œuvre romanesque qui suit le parcours de deux familles d'esclaves sur plusieurs générations, *Le Quatrième Siècle* marque une nouvelle périodisation de l'histoire commençant avec le débarquement des Africains capturés. C'est dire combien Glissant a continuellement œuvré à éclairer le passé et le présent.

Ce travail de vérité permet d'établir une histoire des peuples caribéens issus de la Traite et il fournit la matière d'un enseignement. La création de l'Institut Martiniquais d'Études a été le lieu où une telle vérité a pu être transmise, face à l'instruction officielle et lacunaire de l'État français. Grâce au travail d'écrivains et d'historiens caribéens, plusieurs institutions, telles que les musées consacrés à l'esclavage ou le Mémorial ACTe en Guadeloupe, ont imposé la reconnaissance de ce passé autrefois dénié. Lorsque la France a souhaité réhabiliter cette vérité du passé colonial et esclavagiste des Antilles, elle a demandé à Édouard Glissant, au nom du président de la République, un rapport en vue de la création d'un mémorial de l'esclavage. Le texte qui en est résulté offre une perspective philosophique essentielle sur le sens et l'usage de la vérité historique. Dans *Mémoires des esclavages*, Glissant évite les pièges d'une histoire strictement communautaire. Tout d'abord, il emploie le pluriel afin de reconnaître plusieurs temporalités et réalités. La Traite transatlantique ne doit pas faire oublier les autres traites, notamment la traite arabe qui continue d'être occultée par les pays qui en ont profité – ainsi que le rappelle la déclaration de Tozeur[18]. Et l'histoire de ces déportations passées doit aussi rendre conscients des formes d'esclavages qui persistent dans le monde présent.

La recherche et le respect de la vérité sont l'affaire de tous, sans exclusive. Aussi Glissant veut-il désenclaver la mémoire de son appropriation identitaire. Descendants d'esclaves et descendants d'esclavagistes sont concernés par un tel passé, tout comme ceux qui n'ont pas de lien généalogique avec cette histoire. «Ce Centre national [de la mémoire des esclavages] sera ce que les descendants d'esclaves et les descendants d'esclavagistes en feront ensemble, ils cessent dès lors d'être des

---

18. Voir http://www.lesmemoiresdesesclavages.com/complements/declaration-de-tozeur.pdf
La déclaration, signée notamment par Glissant, réclame cette reconnaissance.

descendants de quoi que ce soit, ils deviennent des acteurs lucides de leur présent, pour la raison, ou le lieu commun, qu'ils entrent ensemble dans le monde, notre monde. »[19] Glissant en appelle à des mémoires transversales qui impliquent tous les peuples et leurs mémoires traumatiques, affirmant que chaque tragédie résonne dans celles des autres. Il suggère donc que la recherche de la vérité historique repose sur toutes les bonnes volontés, quelles que soient leurs motivations identitaires, car la légitimité de la recherche repose d'abord sur la rigueur des faits établis. Si la sensibilité aux sujets abordés, les affects impliqués dans le dévoilement du réel sont assurément légitimes, ils ne doivent pas cloisonner l'histoire dans une mémoire impartageable. Cependant, le décloisonnement proposé par Glissant est-il encore audible lorsque même le langage subit une appropriation et une nouvelle forme de censure ?

---

19. Édouard GLISSANT, *Mémoires des esclavages*, Gallimard/La documentation Française, 2007, p. 138.

La censure libérale de la vérité

Lorsqu'on évoque les politiques de censure, ce sont les régimes totalitaires ou les systèmes autoritaires qui offrent l'exemple des stratégies pour étouffer la vérité. La propagande et la diffusion de contre-vérités caractérisent ces manipulations. La propagande soviétique fut le symbole d'une désinformation dédiée à l'idéologie du Parti communiste en URSS, effaçant des personnages sur des photographies officielles, caviardant les textes et éliminant toutes les informations qui n'entraient pas dans le discours dirigeant. La pratique du mensonge s'y exerce par une censure négative : elle nie le vrai et lui substitue une version vraisemblable. Elle est identifiable à un centre de pouvoir qui diffuse ses mensonges par les canaux officiels et réprime toute opposition et information libre. Cependant, les sociétés libérales qui, par définition, respectent la liberté d'expression font jouer des formes de censure plus insidieuses, car elles ne sont pas repérables selon la hiérarchie verticale qui impose des vérités depuis le haut du pouvoir.

Elles développent plutôt des censures «positives» qui se manifestent horizontalement. C'est alors la société qui exerce elle-même la censure au lieu de la subir de façon autoritaire. Par des effets de consensus moral, elle organise la répression de ce qui déroge à l'opinion majoritaire. Telle personnalité a-t-elle proféré une phrase qui offense la morale – sur l'orientation sexuelle, le respect des religions, la diversité raciale… –, elle est condamnée à disparaître. On ne l'écoute plus, on ne lui donne plus accès à un moyen de communication, qu'il s'agisse d'un média, d'une scène, d'un plateau de cinéma ou d'une école.

Cette censure morale est aussi une censure de la vérité, car elle opère avec des manipulations de langage qui privent l'accès aux faits vérifiables. Si la censure négative opposait deux forces contraires, la liberté et l'interdit, la censure positive conjugue ces deux principes : elle se sert de la liberté pour interdire. Nous pourrions l'appeler «censure libérale». Aux États-Unis, les débats sur la *cancel culture* – ou culture de l'annulation – opposent ces deux types de censure, négative et positive. La première, traditionnelle, procède par interdiction. Pratiquée dans nombre d'États du sud, elle interdit qu'on aborde certains sujets dans les écoles, s'autorisant de la protection des enfants pour les soustraire à toute information sur les inégalités raciales ou sur l'homosexualité. Elle soustrait nombre de livres des bibliothèques scolaires et retire les soutiens financiers aux institutions qui ne respectent pas la ligne morale établie par le gouverneur. La croisade anti-woke de Ron DeSantis est exemplaire, le gouverneur de la Floride ayant déclaré à plusieurs occasions que son État mettrait à mort le wokisme[20]. Les Républicains, qui mènent la « guerre culturelle », éditent des législations visant à interdire tout ce qui relève de cette « idéologie » qu'ils considèrent comme un virus à éradiquer.

Cependant, la censure libérale agit autrement que par la répression, ou du moins l'exerce-t-elle positivement, par une pédagogie amenant les individus à suivre une morale commune qui tord la réalité pour la faire correspondre à une société du Bien. Elle refoule tout ce qui pourrait donner une mauvaise image des communautés qu'elle entend faire respecter, essentiellement les groupes minoritaires ou dits « minorés ». Elle fonctionne sur un déni des faits et des statistiques, leur opposant une interprétation supérieure qui privilégie le discours moral sur le réel. Ainsi les États démocrates, visant à éduquer les citoyens, imposent-ils des stages obligatoires de bonne conduite pour obtenir un contrat de travail. Usant d'une pédagogie infantilisante, ces formations expliquent ce qu'est un harcèlement moral ou sexuel et comment les « micro-agressions » sont vécues par certaines communautés. Elles forment les esprits à vivre la réalité dans le prisme de ces situations ordinaires où chacun risque de blesser les autres, et plus

---

20. "Florida is where woke goes to die", https://www.youtube.com/watch?v=NIZ3BD-sLQU

particulièrement certains groupes. Partant d'une intention louable – protéger les personnes effectivement victimes d'attitudes, de représentations et d'expressions dégradantes – elle transforme la prise de conscience en un catéchisme citoyen. Cette censure libérale, qui consiste à encourager la dénonciation et la mise au ban des personnes coupables d'infractions morales, rejoint la censure traditionnelle lorsqu'elle les sanctionne sur la base d'accusations morales, sans même que ces torts aient été définis et traités judiciairement. La révocation de professeurs, journalistes et curateurs de musée est un des modes opératoires d'une telle répression, tout comme la privation du droit d'exercer son métier lorsque des créateurs et acteurs ne trouvent plus aucun moyen d'édition, de production et de distribution. Au sein des intellectuels libéraux, une réaction à cette censure affirmative a suscité un large débat, avec la publication de la «*Letter on Justice and Open Debate*»[21] dans *Harper's Magazine*. Cent cinquante-trois signataires y dénonçaient à la fois l'illibéralisme de droite et l'atmosphère irrespirable régnant dans les milieux de gauche menaçant la démocratie et le *free speech*.

La censure libérale menace la vérité factuelle, et pas seulement la liberté de parole. La manipulation du langage est son opérateur, plus puissante encore que l'interdiction et le déni. Roland Barthes a souligné la nature oppressive de la

---

21. https://harpers.org/a-letter-on-justice-and-open-debate

langue lorsqu'elle impose de parler et de penser dans sa grammaire même. « Elle est tout simplement fasciste, écrit-il ; car le fascisme, ce n'est pas d'empêcher de dire, c'est d'obliger à dire. »[22] La formule qui généralise la nature du langage s'applique particulièrement à un usage de la langue tel que la pratique la censure par affirmation. L'obligation d'employer des termes qui correspondent à un réglage biaisé avec le réel repose sur un lexique et une grammaire modifiant les manières de percevoir et de comprendre les choses. La sémiologie de Barthes vise précisément à décrypter ce qui innerve la langue, relève des affects et des torsions idéologiques. Elle repère « la corruption immédiate du message : rien de moins que les désirs, les craintes, les mines, les intimidations, les avances, les tendresses, les protestations, les excuses, les agressions, les musiques, dont est faite la langue active »[23]. Ce sont des mythologies à l'œuvre dans l'expression linguistique, mais aussi des opérateurs ordinaires de la langue par lesquels s'impose une morale majoritaire, des valeurs et des interdits qui filtrent l'accès au réel. Il suffit de lire des journaux de tendance politique différente pour entendre cette musique de fond qui reproduit et alimente les mêmes hiérarchies et les mêmes proscriptions. Qu'il s'agisse de décrire des révoltes de banlieues, un spectacle plein de bons sentiments ou un conflit international, ce codage de la langue relève d'un habitus tel que

---

22. Roland BARTHES, *Leçon, Œuvres complètes*, tome V, Seuil, 2002, p. 432.
23. *Ibid.*, p. 440.

l'a décrit Bourdieu. Il implique des dispositions communes à un groupe et dépasse la seule expression d'une classe sociale. Une morale majoritaire instruit plus généralement le langage pour établir ce qu'on ne peut pas dire, ce qu'on doit dire et comment le dire.

Le souci de la vérité se dissout ainsi dans une langue qui ne permet plus de la dire strictement, car ce qui importe davantage est la reconduction d'un discours de valeurs dans lesquelles se reconnaissent les sujets parlants. Un tel constat du décrochage entre la langue et la réalité a été décrit à propos des systèmes totalitaires nazis et soviétiques. Victor Klemperer a montré comment le nazisme s'est infiltré dans la langue même, pratiquant moins la censure que la déformation des mots existants, leur donnant un sens conforme à la vision nazie du monde. Dans *LTI, la langue du IIIe Reich* (1947), le philologue observe que ce n'est pas la propagande qui influença les masses, lassées de la répétition des slogans. « Le nazisme s'insinua dans la chair et le sang du grand nombre à travers des expressions isolées, des tournures, des formes syntaxiques qui s'imposaient à des millions d'exemplaires et qui furent adoptées de façons mécaniques et inconscientes. »[24] La langue pense à la place des sujets, elle s'est répandue dans les esprits pour modifier la valeur des mots, positive ou

---

24. Victor KLEMPERER, *LTI, La Langue du IIIe Reich*, trad. Elisabeth Guillot, Albin Michel, 1996, p. 40.

négative. L'autre référence majeure d'une analyse du langage totalitaire, beaucoup plus connue, est celle de George Orwell dont le livre *1984* paraît à la même période, en 1949, mais s'intéresse aussi au communisme. La fameuse novlangue (*Newspeak*) qu'il décrit dans sa dystopie socialiste fait dire aux mots le contraire de ce qu'ils sont censés désigner, ou bien elle en restreint les applications. Ainsi du mot « libre » devenu une référence négative à moins de désigner le fait d'être libéré des poux ou des mauvaises herbes. Le socialisme impose ainsi une nouvelle grammaire qui transforme la manière de voir et de penser le réel, privant les sujets parlants d'une autonomie langagière qui leur permettrait de déjouer cet arraisonnement de la langue à l'idéologie.

Une telle manipulation du langage est-elle vraiment réservée aux systèmes totalitaires ? Dans les sociétés dites démocratiques, des spécialistes du langage et particulièrement des écrivains se sont interrogés sur le décrochage du langage et de la vérité. Ils l'ont fait particulièrement dans des périodes historiques de crise, lorsque les populations perdent les moyens linguistiques d'avoir une prise sur le réel et sont prêtes à croire les versions les plus mensongères. Ainsi en fût-il de Sartre et Camus à la fin de la Deuxième Guerre mondiale. Chacun à sa manière avait souligné l'absurdité fondamentale de l'existence et montré l'échec du langage, l'un à travers l'épuisement de l'écriture transitive dans *La Nausée*, l'autre par une neutralisation des phrases dans *L'Étranger*. L'existence étant injustifiée, on ne pouvait plus compter sur le langage pour produire du sens et des explications. Toutefois, les années de guerre et la catastrophe historique du nazisme les ont amenés à revoir leur désinvolture à l'égard de la langue. Ils éprouvèrent alors la responsabilité qui incombe aux écrivains dans leur usage des mots. Prenant leurs distances à l'égard de la poésie surréaliste d'avant-guerre et du nihilisme philosophique, ils affirmèrent la nécessité d'un langage en prise direct avec le réel et le souci de la vérité, de la justesse, de l'exactitude. Fort de ses discussions avec Jean Paulhan, Francis Ponge et Brice Parain, Camus, dans «Sur une philosophie de l'expression», insiste sur la vérité du langage. En 1943, il écrit : «Nos paroles nous engagent et nous devons leur être fidèles. Mal nommer un objet, c'est ajouter au malheur de ce monde. »[25]

Les silences sur les crimes du régime de Vichy, la propagande de la Révolution nationale, la présentation de Pétain en «sauveur» de la France ... tous ces non-dits et mensonges font partie du bilan de la guerre, et les écrivains portent la responsabilité de ne pas les avoir dénoncés et de ne pas avoir donné les armes linguistiques pour les déjouer. Sartre, converti à la politique au moment de la Libération, place aussi la responsabilité de l'écrivain dans le langage et en appelle à une littérature qui soit en prise directe avec la réalité et la fasse voir et comprendre à travers une langue la plus exacte. Il faut

---

25. Albert CAMUS, *Essais*, La Pléiade, Gallimard, 1965, p. 908.

appeler un chat un chat et se méfier des tours de passe-passe poétiques, déclare-t-il dans ses manifestes des *Temps Modernes*. Ce nettoyage de la langue ne va pas sans une méconnaissance de ce qu'est la poésie, mais ce qu'expriment à ce moment-là de l'après-guerre les écrivains qui mesurent l'ampleur du désastre, c'est l'impératif moral et politique d'employer un langage le plus limpide possible pour qu'il éclaire le monde au lieu de l'obscurcir. Camus, délaissant le nihilisme, réintroduit de la valeur morale en requérant l'honnêteté du langage ordinaire : « C'est à cette banalité supérieure que peut-être il faut se tenir, là où se rejoignent l'artiste et l'homme des champs, le penseur et l'ouvrier. Le miracle consiste à revenir aux mots de tout le monde, mais en y apportant l'honnêteté qu'il faut afin de diminuer la part du mensonge et de la haine »[26]. Il serait facile de montrer les limites de ces prétentions au langage clair, juste et ordinaire, tant elles contreviennent aux complexités de la littérature. Cependant, elles signalent un moment de grande crise langagière. Les écrivains de l'après-guerre sonnent l'alarme, un peu tard, certes, pour dire qu'il faut rétablir des critères de vérité pour décrire le réel. Le fait que le langage soit par nature arbitraire, comme l'a montré le linguiste Saussure, ne dédouane pas du souci d'en user avec le plus de justesse pour décrire le réel.

---

26. « Ne pas mentir n'est pas seulement ne pas dissimuler ses actes ou ses intentions, mais le dire et les accomplir avec vérité, ce qui n'est pas aisé et rien qu'on obtienne sans souffrir. » *Ibid.*

N'en est-on pas là aujourd'hui, de nouveau ? Différentes formes de novlangue, en pays libéraux et démocratiques, n'ont-elles pas fait disparaître le souci de vérité et de trouver les mots justes pour nommer le monde ? Les manipulations de langage, le déni des faits, l'impossibilité de trouver des critères communs pour établir le vrai et le faux rappellent ces périodes de crise. L'enrôlement du langage par une morale majoritaire, d'autant plus insidieuse qu'elle ne se dévoile pas comme une idéologie, met en œuvre une censure affirmative qui disqualifie l'autonomie des sujets parlants et la recherche de vérité. Cette censure consensuelle modifie la perception présente du réel, et va encore plus loin dans la substitution des faits lorsqu'elle modifie aussi le passé. Tel est, assurément, le propre des systèmes totalitaires de récrire l'histoire et de faire disparaître ou de disqualifier tout ce qui contreviendrait à leur propagande. Ils prétendent qu'ils sont l'accomplissement historique d'un sens providentiel du temps, comme les théologies et les philosophies de l'histoire le décrivent. Les vérités établies du passé peuvent alors être niées ou reformulées. Le roman dystopique d'Orwell le décrivait ainsi : tout peut être vrai et tout peut être annulé, car le passé est affaire d'interprétation. Le Commissariat aux Archives se charge d'une révision générale des faits.

De façon moins coercitive en régime libéral, le passé fait aussi l'objet de réinterprétations, sans être soumis à une vérité officielle et imposable à tous les citoyens. La relecture de l'histoire peut amener à des changements de périodisation, selon que tel événement paraît fondateur d'une nouvelle ère. Récemment, la thèse de l'anthropocène a conduit à repérer une époque spécifique pour marquer l'influence des êtres humains sur l'histoire « naturelle » de la Terre. Le projet *1619* lancé par le *New York Times*, pour revisiter l'histoire des États-Unis à partir du premier débarquement d'esclaves africains, offre aussi une perspective originale pour repenser le cours des événements et le narratif américain. La richesse des écoles historiques tient à ces réécritures que Michel de Certeau décrivait tels des scénarios sur la page blanche du temps[27]. Cependant, la révision et le révisionnisme sont autre chose que la récriture, la réinterprétation ou le rééqui-librage des faits. Ils procèdent de la négation de la réalité et de la diffusion de mensonges. Si le révisionnisme le plus flagrant concerne la négation de la Shoah et des chambres à gaz, il prend aussi des formes beaucoup moins radicales et participe de cette censure affirmative, qu'on pourrait appeler douce, car elle vise souvent à rendre la réalité plus douce. Elle élimine tout ce qui pourrait causer un désagrément à certains publics. La ligne rouge du révisionnisme est franchie lorsqu'il s'agit de faire disparaître ou de transformer des œuvres du passé dont l'acceptabilité morale aujourd'hui n'est plus celle de leur époque.

---

27. Michel DE CERTEAU, *L'écriture de l'histoire*, Gallimard, 1975.

Alors que la censure conservatrice interdit certains livres, la censure progressiste les récrit et les trahit. Ainsi, les expressions racistes employées dans des romans, fussent-ils animés par une intention antiraciste, sont expurgées et remplacées par des mots plus corrects. La réalité du vocabulaire racial et le contexte historique dans lequel il est usité font l'objet d'une récriture anachronique qui dénature le projet d'auteurs tels que Mark Twain ou John Steinbeck, récemment corrigés. Et la liste va s'élargissant si l'on songe à la manière dont Shakespeare, Voltaire et bien d'autres ont représenté plusieurs communautés de croyance ou de race. Au lieu d'ajouter une note pour expliquer les mentalités d'une autre époque, les expressions sont modifiées par les censeurs révisionnistes, privant l'accès à la réalité vécue du passé[28]. Le déni de vérité est double dans cette pratique, car elle masque à la fois les représentations telles qu'elles étaient construites et la réalité des choses que ces représentations désignaient.

« Si les signes vous fâchent, O quand vous fâcheront les choses signifiées ! » La phrase de Rabelais pourrait s'adresser aux nouveaux caleçonneurs de la langue. Cette censure progressiste ouvre la voie aux manipulations idéologiques, au nom du bien moral. Elle autorise la modification des mots, mais aussi des titres, des personnages et de l'histoire elle-même. Ainsi du

---

28. Sur cette question et, plus particulièrement, sur le déboulonnage des statues du passé, voir Pierre Vesperini, *Que faire du passé ? Réflexions sur la cancel culture*, Fayard, 2022.

célèbre opéra de Bizet, *Carmen*, dont un metteur en scène[29] a transformé l'issue et la symbolique pour l'adapter au nécessaire respect des femmes. Ce n'est plus Don José qui, possédé par la jalousie et décalquant la scène de corrida en arrière-plan, poignarde Carmen. Parce qu'il ne faut pas que les spectateurs applaudissent à un féminicide, le directeur révisionniste, qui confond les ovations pour la musique et celles pour l'histoire, fait tuer Don José par Carmen. Les défenseurs d'une telle révision diront que les metteurs en scène ont toujours interprété les œuvres à leur façon, leur imprimant un sens contemporain. Cependant, cette transformation du texte lui-même et de sa dramaturgie s'inscrit dans un mouvement de moralisation des œuvres passées qui hypothèque leur vérité première : certes, toute vérité d'un texte est sujette à interprétation, mais si l'on peut changer le texte même pour le plier au narratif dominant, sans l'imprimatur de l'auteur, on franchit la frontière entre ce qui était de l'interprétation et ce qui devient du révisionnisme.

---

29. Leo Moscato, à Florence en 2018.

Le narratif moins la vérité

Donner la priorité au récit est assurément le trait majeur d'une défection de la vérité. Cette pratique n'a plus de secret aujourd'hui, elle est enseignée dans tous les domaines, du marketing à la politique, de la création littéraire au monde du travail[30]. Les sémiologues du XXe siècle avaient mis au jour, sous le nom de narratologie, les structures fondamentales de tout conte et récit. Au XXIe siècle, le « narratif » est devenu une technique managériale qui vise à séduire à partir de quelques principes : un objectif à atteindre, une intrigue bien construite, des personnages avec lesquels le public ciblé peut s'identifier. Il s'agit non plus de convaincre de la validité d'un produit commercial, d'un projet politique ou d'une mission scientifique, mais d'installer un imaginaire qui va susciter la croyance dans cette proposition. Les premières analyses de

---

30. Christian SALMON en a fait l'analyse dans *Storytelling. La machine à fabriquer des histoires et à formater les esprits*, La Découverte, 2007.

ces stratégies furent animées par la critique, désormais elles sont assumées comme une pratique qui l'emporte sur la force rationnelle des arguments. Il serait naïf de s'en étonner tant les techniques publicitaires ont influencé d'autres domaines que celui des marchandises. Toutefois, cela ne nous dispense pas d'en observer les effets, particulièrement pour ce qui concerne la reconnaissance des faits et le souci de la vérité.

L'analyse structurale des récits a négligé un élément essentiel de leur succès : l'investissement émotionnel qu'ils suscitent. Ainsi de l'information, censée rapporter des faits vérifiés, qui les présente sous la forme d'une narration attractive dont le succès se mesure à la charge émotionnelle qu'elle attire. Le récit est un attracteur de passions. Les exemples les plus spectaculaires viennent de ce qu'on appelle la presse people qui construit des narrations à propos de célébrités et les fait partager à la façon de séries télévisées. Les lecteurs se passionnent ainsi pour les membres de la famille royale anglaise, sans jamais pouvoir authentifier les informations qu'ils reçoivent, relayées maintes fois par différents médias. Ils se forgent leur «opinion» sur Charles et Camilla, Harry et Meghan, prennent parti pour un côté de la famille, soupçonnent des intentions, les confirment avec de nouveaux épisodes, projettent leur propre psyché et assouvissent des désirs par procuration. L'admiration, mais surtout l'animosité, voire la haine leur donnent l'impression d'exercer une justice morale à travers une histoire dont les faits leur échappent largement. La détestation est en effet un moteur puissant de telles opinions, forgées à partir des nouvelles que diffusent les médias, même ceux qu'on appelle généralistes.

La déchéance des idoles fournit l'un des plaisirs substitutifs les plus mobilisateurs et la mise au pilori de telle ou telle personnalité assure un succès éditorial partageable. Une fois l'accusation lancée et, surtout, le récit construit, l'emballement fantasmatique peut démarrer et le narratif alimenter la pulsion de mort. Comme Freud l'avait souligné en analysant l'économie psychique, la satisfaction que procure la haine est inversement proportionnelle à l'amour qui était éprouvé pour un objet de désir et de projection libidinale. Personnalités politiques, vedettes de cinéma et de la culture qui étaient adorées se retrouvent piétinées par un récit qui encourage l'effet de meute, par contagion pulsionnelle. Chaque lecteur ou téléspectateur se transforme en procureur et laisse libre cours à sa passion meurtrière, désirant l'annihilation du coupable. Face à une telle dépense psychique, aucune défense n'est possible, car le narratif est trop puissant pour être nuancé. Personne ne veut entendre une vérité ou reconnaître un fait qui contreviendrait au récit chargé de tels affects. Les médias eux-mêmes se retrouvent prisonniers du récit qu'ils ont construit, car toute rectification est devenue inaudible, le condamné ayant disparu en tant que personne réelle, remplacé par le monstre fantasmatique jeté en pâture, de sorte qu'il n'a plus accès à la parole. Le double imaginaire, écran de projection libidinale exposé par le narratif dominant, l'a emporté définitivement. La vérité peut frapper à la porte, on ne veut plus d'elle, car elle serait trop décevante, frustrant le public de sa jouissance substitutive et mimétique.

La construction des « opinions » politiques suit souvent une telle dynamique narrative. Si les débats permettent à chacun de se forger un avis, lorsque le récit « a pris » – comme on le dit d'une émulsion –, tous les éléments confirmant l'opinion choisie seront agglomérés tandis que les informations contraires seront ignorées. La charge émotionnelle une fois installée, elle s'auto-alimente de ce qui confirme son motif. La radicalisation des opinions partisanes encourage ce dialogue de sourds, tant on doit choisir un camp ou un autre, sans nuance ni compromis possible. La politique américaine illustre cette polarisation avec son bipartisme qui oppose non seulement deux politiques, mais aussi deux cultures de plus en plus antagonistes et belliqueuses. Les opinions se forgent non pas selon un pluralisme des points de vue, mais dans la réaffirmation des idées et des valeurs de son camp.

Plus généralement, ce dédain pour la vérification des faits et la pluralité des sources d'information se manifeste lors des causes qui mobilisent de lourds affects. Récemment, les opinions sur Israël et Gaza ont montré, dans les pays démocratiques, une radicalisation des positions et un refus de tout dialogue. Le récit faisant d'Israël l'incarnation du suprémacisme blanc, de l'apartheid, du colonialisme et de l'intention génocidaire a réussi à amalgamer tant de passions, colères et haines, qu'il a bloqué toute possibilité de communication sur l'histoire de ce pays et les faits constatés. En 2002 paraissait *Histoire de l'autre*, un livre dans lequel six historiens palestiniens et six historiens israéliens racontaient l'histoire de leur pays, permettant une approche multilatérale du différend. Ce temps de la compréhension semble loin. La cristallisation libidinale sur l'objet détesté rend aveugle et sourd à tout argument contrevenant au récit aggloméré. Le langage employé, incantatoire, s'est détaché du référent et, lorsque les adeptes du narratif crient « de la rivière à la mer », ils ne savent souvent pas de quelle rivière ni de quelle mer il s'agit, et s'en soucient peu. On appelle « campisme » cette attitude qui consiste à adopter par principe les idées de son camp, comme au temps de la guerre froide où l'on devait être soit du côté du communisme, soit du capitalisme. Ce manichéisme politique et moral se construit sur la force des récits qui fournissent le lexique, la syntaxe et l'imaginaire propres à l'investissement libidinal de ce qu'on appelle des « opinions » et qui se nommait « doxa » en Grèce ancienne.

Splendeurs et misères du mensonge littéraire

Qu'un récit ne dise pas nécessairement la vérité est une évidence que les écrivains connaissent par métier. Eux qui maîtrisent les ressorts du vraisemblable n'ont pas à se conformer aux faits ni à la réalité. Le récit de fiction assume la transformation du réel et la part imaginaire du langage. Toutefois, la littérature dit à sa manière la réalité d'une époque et certains écrivains revendiquent leur responsabilité devant l'histoire. Ils pensent détenir la mission de dévoiler des vérités, sociales et politiques notamment. Ainsi Zola, reniant l'imagination au profit de l'information, rompait avec la littérature romantique et trouvait son modèle dans les sciences expérimentales et les théories de l'évolution, et il menait des enquêtes journalistiques avant de rédiger ses romans. La question du réalisme n'a jamais disparu des discussions sur la littérature et, aujourd'hui encore, écrivains et critiques débattent des différentes manières de représenter la réalité à travers la fiction. Cependant, certaines pratiques littéraires françaises, depuis une quarantaine d'années, ont troublé les distinctions entre fait et fiction, vérité et mensonge. Sous les noms d'autofiction, d'exofiction, d'ego-histoire, le mot de vérité a été déconnecté du réel pour se référer principalement à la relativité du point de vue, au ressenti et à la « sincérité » de l'auteur.

Sans prétendre évaluer la qualité des nouvelles écritures littéraires, sociologiques ou historiographiques, nous pouvons les lire comme les symptômes d'un changement paradigmatique du statut de la vérité. Elles font l'objet de labellisations par la critique journalistique et universitaire, revendiquées par certains écrivains, rejetées par d'autres selon des stratégies de démarquage. On a coutume d'attribuer à Serge Doubrovsky la primeur de l'autofiction, à la fin des années 1970, une écriture censée distincte de l'autobiographie, des mémoires ou du journal. L'auteur parle de lui, sous son nom propre, et se réfère à des personnes réelles de son entourage, tout en inventant des situations. À ce titre, nombre de romans du passé s'apparentent à l'autofiction, tant s'y découvrent les avatars des écrivains. La fiction de soi n'a pas attendu le mot d'autofiction. Loin de l'illusion essentialiste (il y aurait une nature de l'écriture autofictionnelle) ou formaliste (des critères formels permettraient d'identifier cette écriture), nous en resterons à une approche nominaliste : l'autofiction est ce qu'on désigne comme telle, en proposant un contrat de lecture. Précisément, c'est ce contrat qui permet de comprendre le changement de régime : car si l'on peut lire n'importe quelle autofiction comme une fiction à part entière, l'affichage de ce genre en appelle toutefois à la confiance du lecteur qui croit accéder à des faits, des vérités, des confidences offrant l'accès à une réalité. Le mot anglais «*faction*» dit ce mélange de faits (*facts*) et de fiction.

La catégorisation d'autofiction requiert ainsi une disposition ambivalente du lecteur goûtant le plaisir de la fiction tout en cherchant des informations biographiques. Le pacte de lecture se définit ainsi : dans ce que vous allez lire, il y a du vrai, vous pouvez donc accéder à la réalité, à des révélations, car le livre détient un coefficient de vérité. Cependant, vous ne pourrez jamais distinguer ce qui est vrai et ce qui est inventé. Tout est vrai et tout est faux en même temps. Ce contrat de dupe permet à l'écrivain de jouer sur deux tableaux et de n'assumer aucune responsabilité : si on lui reproche d'avoir menti, il dira que c'est de la fiction et que le pacte de lecture l'y autorise. Il peut régler ses comptes et se réfugier derrière l'imaginaire, bien qu'il en appelle à la véracité pour attirer la sympathie et le voyeurisme du lecteur, la position victimaire étant majoritaire dans ce type d'écrit. En fait, le critère de vérité, et donc celui de mensonge, s'est effacé, bien qu'il soit question du réel et de son interprétation. Le couple réel/fiction s'est substitué à celui de vérité/mensonge. Il n'y a plus de vérité ni de mensonge, il y a un pseudo réel produit par-delà la fiction qui veut qu'on la prenne pour argent comptant.

L'argument désormais fameux des «*alternative facts*», employé en politique par les conseillers de Trump, joue son rôle dans cette littérature de double jeu/je : j'ai vu ceci, les autres prétendent le contraire, ils n'ont pas tort, mais j'ai le droit de voir les choses autrement et d'inventer une autre réalité, car il n'y a plus ni vérité ni mensonge. En 1995 déjà, Baudrillard avait souligné cette disparition du réel. Dans *Le Crime parfait*, il observait «le meurtre de la réalité» et la victoire d'une équivalence entre le réel et l'illusion. Cette confusion s'exerçait depuis les années 1970, moment de gloire du *postmodern*, avec la notion ambiguë de «vécu». Ce mot décisif fut importé de la pensée existentialiste : Kierkegaard puis Sartre réclamaient qu'on parte du vécu, de l'expérience, de l'ordinaire, au lieu de recourir à des entités abstraites. Cependant, le vécu a pris ensuite des significations très vagues, désignant des affects, des traumas, des représentations imaginaires aussi bien que des expériences concrètes et vérifiables. Si le réel est désormais le vécu, chacun peut vivre et raconter ce réel sans aucun souci d'en garantir la vérité ni de le confronter à la perception des autres.

Cependant, le crime n'est jamais parfait, et le réel revient parfois comme un boomerang. La demande d'une réparation de la vérité s'exerce d'abord sous la forme de procès qui accompagnent souvent la publication de ce genre de livre. Les débats sur le réel, la fiction et l'interprétation se règlent au tribunal. Toutefois, les chefs d'accusation portent plutôt sur l'atteinte à la vie privée et la diffamation. La vérité, elle, n'est pas rétablie. Le crime demeure impuni, symboliquement et parfois réellement. Dans *Le Livre brisé*, Doubrovsky rapporte la relation violente entretenue avec son épouse jusqu'à sa mort et il confie : « Si j'écris, c'est pour tuer une femme par livre. Elisabeth dans la *Dispersion*. Rachel dans *Un amour de soi*. Ma mère dans *Fils*. Lorsqu'on a raconté, on liquide et ça s'en va »[31]. Le désir d'une liquidation témoigne de la pulsion de mort à l'égard du réel. L'écriture met fin à une histoire vécue, parfois tragiquement, et elle donne, précisément, le mot de la fin. L'auteur d'autofiction veut en effet avoir le dernier mot. L'autofiction procède de la toute-puissance du moi qui dit, vrai ou faux, le sens officiel d'une histoire. C'est ainsi, point final ! L'autofiction « achève », c'est-à-dire conclut et tue le réel, produisant la version définitive qui restera dans les mémoires.

Un procès récent, lié à l'écriture autofictionnelle, illustre ce paradoxe d'une fiction toute-puissante qui se retrouve comptable de sa représentation du réel. Dans *Histoire de la violence*, Édouard Louis rapporte l'aventure sexuelle d'un soir qui a mal tourné. L'auteur/narrateur décrit le viol qu'il a subi après avoir reproché à son amant de rencontre de lui avoir volé son iPad. Le narrateur analyse les raisons de cette violence qu'il attribue moins à l'individu qu'à ses origines sociales, raciales et à l'héritage du colonialisme. Édouard Louis, Eddy Bellegueule de son nom d'état civil, a cependant déposé une plainte pour viol aggravé contre l'individu Riadh B., qui conteste les faits. À la

---

31. Serge DOUBROVSKY, *Le Livre brisé*, Grasset, 1989, p. 50.

suite de la publication du livre, plusieurs critiques ont dénoncé la confusion entre le réel et la fiction. La presse est alors partagée entre des critiques qui qualifient ce livre de « magnifique quête de vérité »[32] ou qui dénoncent le kitsch naturaliste du récit[33]. Si l'auteur d'autofiction donne le mot de la fin dans le milieu littéraire, c'est quand même la justice qui décide, en 2020, de relaxer Riadh B. de l'accusation d'agression sexuelle et ne le condamne que pour vol. L'accusé, Kabyle sans papier, a toutefois passé 11 mois en prison, en détention provisoire. Édouard Louis fait appel de la décision. Un deuxième procès a lieu en 2022, mais il confirme la relaxe. On notera que l'auteur a été mis en cause pour l'inconstance de ses déclarations et qu'il ne s'est pas présenté au tribunal, refusant la confrontation avec celui qu'il accusait, c'est-à-dire refusant d'affronter le réel après en avoir donné la version définitive. Il est aussi notable que Didier Eribon, ami et personnage du roman d'Édouard Louis, venu témoigner, s'est référé au livre pour décrire les faits, et que la procureure lui a opposé les faits vérifiables. Elle a alors distingué la vérité littéraire et la vérité judiciaire. Davantage qu'un conflit entre le récit littéraire et la réalité, ce qui ressort d'une telle affaire est l'évanouissement du critère de la vérité vérifiable, la toute-puissance du récit n'admettant aucune contestation, même celle du réel. Le récit l'emporte sur le droit, sinon dans les faits, dans la mémoire littéraire.

---

32. Raphaëlle Leiris, dans *Le Monde*, 4 janvier 2016.
33. Philippe Lançon, dans *Libération*, 20 janvier 2016

L'exovérité

Dénonçant cette vérité autoréférentielle de l'autofiction, un contre-discours s'est construit, depuis une dizaine d'années, celui de l'exofiction. L'ambition de montrer la réalité, en menant une enquête sur des personnes réelles, est revendiquée par des écrivains qui veulent mettre la fiction au service d'une vérité factuelle. L'exofiction s'intéresse aux autres, contrairement à l'autofiction qui s'intéresse à soi. Elle serait, dans son projet originel, orientée vers le dehors, centrifuge, altruiste, tandis que l'autofiction resterait centripète, orientée vers l'intériorité, égotiste. Cependant, le contrat de vérité n'est-il pas grevé, à nouveau, par un effacement de la distinction entre le vrai et le faux, au profit de la fiction ? Comment un écrivain s'intéresse-t-il aux autres lorsqu'il projette d'écrire un roman sur eux ? Les ressorts de l'écriture sont-ils si différents, au regard du réel et de la fiction, du mensonge et de la vérité ? Afin de répondre à ces doutes, il faut revenir au genre biographique et à ce qui en différencie l'exofiction. On appelait autrefois « biographie romancée » des écrits consacrés à des vies exceptionnelles qu'un biographe professionnel ou un écrivain retraçait en adoptant un style romanesque. La démarcation de l'exofiction tient en grande partie à l'autorisation que s'octroie un écrivain d'inventer et de projeter son imaginaire dans la vie d'une personne connue. Une fois encore, c'est le contrat de lecture qui incite les lecteurs à « reconnaître » un individu dont ils ont déjà entendu parler. Tout personnage de roman est plus ou moins inspiré par une personne réelle, mais avec l'exofiction les lecteurs sont supposés apprendre quelque chose sur l'individu décrit.

Les vérités que les lecteurs sont censés découvrir grâce aux exofictions transportent surtout des charges affectives que l'écrivain déploie par procuration. Il y mêle pulsions de vie et pulsions de mort, à l'œuvre dans ce dédoublement de soi. Le projet consiste officiellement à mettre en valeur une personne réelle, morte ou vivante, comme le font souvent les biographies qui magnifient leur objet, effaçant ce qui pourrait en ternir le portrait. L'exofiction ajoute de la fantaisie à une telle positivité, proposant une version littéraire des reportages de la presse people. Cependant, le plus souvent, ce sont les personnes négativement connues qui font le succès de ce genre littéraire. En effet, l'exofiction s'intéresse surtout aux faits divers les plus sordides, et aux individus qui fréquentent les tribunaux. Cette fascination pour les crimes et les criminels n'est pas nouvelle et, parmi les références fameuses, le livre de

Truman Capote, *In Cold Blood*, paru en 1965, est un exemple de « *non-fiction novel* », un roman dit non fictionnel. L'écrivain américain a mené un extraordinaire travail d'enquête, associant sociologie et psychologie, et il a recueilli d'innombrables témoignages sur les deux tueurs qui ont assassiné une famille de fermiers. Il les a interrogés en prison avant leur pendaison, à laquelle les condamnés lui ont demandé d'assister. Le souci de la vérité et des faits caractérise cette entreprise romanesque qui cherche à rester au plus près de l'information obtenue.

En France, au début des années 1980 – décidément une période charnière pour approcher la disqualification du critère de vérité – Marguerite Duras a donné le ton de ce qui deviendra le ressort de l'exofiction et la désinvolture à l'égard de la vérité des faits. Fascinée par les affaires criminelles, l'écrivaine a trouvé l'occasion d'entrer plus directement dans le réel policier et judiciaire avec l'affaire Villemin. En 1984, un enfant, du nom de Grégory, a été retrouvé mort, les membres attachés, dans la Vologne, une rivière des Vosges, et Duras s'est rendue sur les lieux du crime, pour le compte du journal *Libération*. Contre toute vérité et sans vérification, elle a publié un texte dans le journal, en 1985, intitulé « Sublime, forcément sublime Christine V. ». Elle y révèle l'autrice du crime et présente la mère de l'enfant comme une infanticide, tout en légitimant son geste. Le texte est écrit dans un style littéraire que le directeur du journal justifie alors en parlant de la « transgression du réel par l'écriture ». Ce forçage de la vérité par Duras qui transforme

Christine Villemin en Christine V., comme l'un de ses personnages nommés par l'initiale du nom de famille, instaure l'irresponsabilité et l'immunité de la littérature sous couvert d'une enquête sur le réel. L'écrivaine est allée sur les lieux du crime, mais n'a pas rencontré la mère de l'enfant. Plus généralement, elle a effacé la frontière entre le réel et la fiction, entre la vérité et le mensonge, au nom d'une empathie fantasmée. Par une conscience supposée supérieure du tragique, l'écrivaine s'est autorisée à transformer les faits, et même à délivrer un verdict, sans aucune preuve : la mère est coupable, elle est tragique, car infanticide, on doit la comprendre, car elle porte le destin tragique de toute femme. En deçà d'un jugement moral sur ce texte de Duras, on peut observer cette façon de disposer le fait divers en espace de projection, non seulement d'une écriture fictionnelle, mais aussi et surtout d'un imaginaire psychique. La réalité a été recouverte d'une page blanche sur laquelle recomposer une histoire dont les éléments sont empruntés à une affaire judiciaire, telles des vignettes. Les personnes réelles sont devenues des figurines de théâtre dans un décor pittoresque. L'exofiction fabrique des vérités exotiques.

Certes, les écrivains ont été souvent fascinés par les faits divers, suscitant une écriture de reconstitution des faits et une interprétation sociologique ou psychologique. Cependant, une frontière est franchie lorsqu'ils s'autorisent à réinventer l'histoire et à modifier le réel. La première attitude pourrait être illustrée par le cas des sœurs Papin, ces employées de maison qui, en 1933, ont sauvagement tué leurs patronnes. L'affaire a suscité de nombreux commentaires, notamment de la part des poètes surréalistes, plusieurs y voyant un acte de lutte prolétaire. Benjamin Péret et Paul Éluard ont ainsi accompagné un photomontage attribué à André Breton pour critiquer les institutions judiciaires. La retouche des photographies est déjà une intervention problématique sur le réel. Jacques Lacan, dans une intention plus professionnelle, leur a consacré sa thèse de médecine sur la psychose paranoïaque. Jean Genet, dans sa pièce de théâtre *Les Bonnes*, s'est inspiré de l'histoire, mais a déjoué radicalement la présentation du fait divers, refusant le voyeurisme sur le crime et introduisant ses personnages dans un monde de reflets. Plus tard, ce sont des films, généralement réalistes, qui ont repris l'histoire, sous forme de reconstitution ou en ont adapté l'esprit à la manière de *La Cérémonie* de Claude Chabrol. L'adaptation modifie les faits, mais ne prétend pas qu'ils se sont déroulés ainsi. En revanche, l'exofiction, comme l'autofiction, revendique le droit d'inventer des faits. Parmi les nombreux écrivains qui s'inspirent de faits divers aujourd'hui et fréquentent les tribunaux pour produire de l'exofiction, la pratique de Régis Jauffret est emblématique. Avec *Sévère*, il a repris l'affaire du banquier Édouard Stern qui entretenait des relations sadomasochistes avec sa maîtresse et qui fut tué par elle au cours d'une scène sexuelle. L'écrivain assista au procès de la femme assassine, et décida d'écrire un roman à la première personne dans lequel il se mit à la place de la maîtresse meurtrière, manifestant une sorte d'empathie, par contraste avec la figure négative du banquier. Face aux plaintes qu'ont suscitées ses livres sur les affaires Fritzl, Strauss-Kahn ou Stern, il clame le droit de mélanger le réel et l'imaginaire, assume la mauvaise foi et le mensonge de la fiction. Cependant, au-delà du débat sur les limites de l'interprétation des faits et la légitimité d'en inventer, le changement de nature de l'écriture de faits divers tient à ce que l'auteur d'exofiction considère déjà le réel comme un monde romanesque, avec des individus qui sont a priori des personnages en attente de sa mise en scène. L'écrivain est alors moins un enquêteur qu'un chercheur de scénarios par lesquels il se projette dans des vies fantasmatiques – être dans la peau d'une meurtrière sadomasochiste – propres à attirer les lecteurs. C'est moins l'écrivain qui ressemble à une personne existante que cette personne qui se met à ressembler à l'écrivain.

«Prendre» la place de l'autre, parler à sa place, désirer à sa place, ce n'est pas se mettre dans sa peau, mais lui voler sa place. Comme on dit en français, avec un double sens : «à ta place» signifie à la fois «là où tu es» et «en remplacement de toi». L'exofiction, sous prétexte de mettre l'autre en valeur, le cannibalise en le réinventant. Dès lors, l'exofiction n'est pas le contraire de l'autofiction, comme elle le prétend. Elle recourt aux mêmes procédés, à la même confusion entre le réel et la fiction. La différence, c'est qu'elle le fait sur le dos de quelqu'un d'autre. Une fois encore, le véritable crime est commis contre l'idée même qu'il puisse exister une vérité, celle proposée par l'écrivain étant tout aussi valable que n'importe quelle autre, tant on peut les multiplier. Les témoins des procès, victimes ou coupables, peuvent se récrier : « Non, ça ne s'est pas passé comme ça ! Untel n'était pas là, et je n'ai jamais dit cela ! » Quelle importance ? L'écrivain a une connaissance supérieure de la vérité, il peut inventer ce qu'il veut et, d'ailleurs, la vérité factuelle n'est pas ce qui intéresse les lecteurs. Elle est trop ennuyeuse.

Cette liberté littéraire d'invention n'est-elle pas le propre de la littérature, et pourquoi lui contester le droit d'apporter sa vision du réel, quitte à truquer la vérité ? Les écrivains objecteront en effet que le *fact checking* s'applique aux affirmations politiques et pas aux écrits littéraires. Ceux-là ne sont pas comptables de leur version du réel comme le sont les témoignages judiciaires ou les enquêtes journalistiques. Cependant, notre but ici ne consiste pas à critiquer des pratiques d'écriture, mais à les analyser comme des symptômes d'un changement de paradigme repérable en d'autres domaines. Ces nouvelles catégories littéraires, telles que l'autofiction ou l'exofiction, participent à leur manière d'un brouillage de la distinction entre le vrai et le faux, distinct des anciennes libertés que prenait la littérature avec le réel. Leur souhait d'être crues, prises pour vraies, tout en inventant des faits, nous conduit à repenser la relation entre la vérité et l'imagination, entre le souci de l'objectivité et les pièges de la subjectivité, dans d'autres domaines que la littérature, tel que celui de l'historiographie.

L'histoire entre imagination et vérité

Le récit des faits est aujourd'hui pris dans une antithèse entre, d'un côté, la nostalgie du positivisme historique et, de l'autre, un perspectivisme maximal. Au XIXe siècle, l'école positiviste prenait modèle sur la science, cherchant l'objectivité et mettant à distance toute partialité ou sentimentalité du sujet qui relate les faits. Les écrits historiographiques prétendaient ainsi établir des vérités indiscutables. Les faits qu'ils décrivaient n'étaient pas des constructions de l'esprit et pouvaient être vérifiés par l'expérience, la méthode d'enquête, les statistiques, la collecte des données. La critique de ce positivisme historique a porté principalement sur la définition d'un fait : un changement climatique, une épidémie de grippe, la vie d'individus anonymes, une crise économique ou une bataille navale sont-ils des «faits» et quelles données permettent de les identifier comme tels? D'autre part, le positivisme occulte les variations de temporalité, entre temps court et temps long, et il ignore le savoir des sciences humaines et la connaissance des mentalités.

Cependant, le mouvement de pendule semble être allé dans l'autre sens avec, aujourd'hui, deux tendances de l'écriture historiographique : l'introduction de la fiction et le recours à la subjectivité de l'historien. Le modèle n'est plus la science, mais la littérature sur laquelle louchent de nombreux historiens contemporains. Cette pratique littéraire de l'historiographie n'est assurément pas nouvelle et, déjà, Thucydide, au ve siècle av. J.-C., critiquait les logographes, ces historiens chroniqueurs qui brodaient sur les événements sans souci de la vérité. Toutefois, ce qu'on appelle l'ego-histoire, à partir des années 1980, a brisé la distance, autrefois exigée, entre l'historien et son objet d'étude. Au contraire, c'est à partir de sa propre subjectivité que l'ego-historien se met en scène dans son enquête et n'hésite pas à employer le « je » dans l'écriture. Certes, ce « je » peut être présenté de manière plus ou moins personnelle, mais parfois il entraîne le texte historique du côté littéraire et même du côté fictionnel. Ce mouvement s'inscrit plus généralement dans la critique de l'objectivisme, de l'universalisme et de la prétendue neutralité des écrits scientifiques. On l'observe en anthropologie, sociologie, ethnologie – l'auto-ethnographie ajoutant à cette tendance, tout comme le journalisme gonzo. Et dans le monde universitaire, cette libération de la parole subjective[34] s'est répandue depuis les années 1990. Cette double tendance – l'irruption du Je et le recours à la fiction – rapproche les écrits de sciences humaines (histoire,

---

34. Voir le livre séminal de Nancy K. Miller, *Getting Personal*, Routlege, 1991.

sociologie, anthropologie) de l'autofiction et de l'exofiction. On pourrait presque parler, avec ce type d'écrit historiographique d'auto-exofiction : l'historien parle d'une personne réelle, mais il se met en scène (autofiction) et s'autorise à des développements romanesques sur les autres (exofiction).

Les frontières entre littérature et sciences humaines sont devenues de plus en plus perméables. D'un côté, des sociologues et des historiens mènent des enquêtes qui prennent ensuite la forme de récit littéraire, l'enquêteur et l'enquête faisant partie de l'objet du livre. De l'autre, certains écrivains, comme Annie Ernaux, prétendent abandonner l'ambition du style pour décrire sociologiquement un milieu social. Cette fusion, voire cette confusion, montre combien le critère de vérité a changé de statut : au lieu d'une vérité historique ou sociologique vérifiable, c'est l'authenticité qui prévaut. La sincérité du témoignage personnel constitue la garantie d'une vérité partageable, une vérité toute relative qui conduit à dire « à chacun la vérité qu'il a trouvée », et qui n'est plus comptable de la distinction entre vrai et faux. Cependant, nous savons, depuis Freud, que l'auto-analyse est une grande pourvoyeuse d'illusions. Elle est un réservoir de mensonges, le sujet croyant s'analyser comme s'il était en position d'extériorité. En fait, celui-ci déploie des analyses qui confisquent la recherche de vérité à son profit, fût-ce sous le masque d'une distance critique à l'égard de soi. Le mensonge le plus puissant est celui que l'on se fait à soi-même, et le sujet finit par y croire. « Il ne faut pas s'offusquer que les autres nous cachent la vérité puisque nous nous la cachons si souvent à nous-mêmes », écrivait déjà La Rochefoucauld, fin psychologue.

L'écriture de biographie historique nous éclaire sur ces débats entre objectivisme et perspectivisme. Décrié dans les années 1970 par les structuralistes et les post-structuralistes, ce genre biographique fut déconstruit par nombre de penseurs tels que Derrida, Foucault, Deleuze, Bourdieu ou Barthes. Ils dénoncèrent le portrait des grands hommes – rarement des femmes –, réduits à une continuité factice, avec ses étapes de la personnalité, ses hiérarchies de valeur, ses non-dits. Du récit de vie et de sa fausse objectivité, il ne devait plus rester que des « biographèmes », des fragments de vécu, comme des signifiants de la vie d'un corps pensant, sentant et se souvenant. Mais à partir des années 1990, le genre biographique a fait un grand retour : même ceux qui le dénonçaient, tels que Barthes ou Bourdieu, se sont retrouvés les objets de biographies savantes. Ce succès se manifeste aussi bien dans le grand public, avec des biographies écrites, radiophoniques et filmiques, que dans le monde universitaire, et ce sont alors des biographies avec beaucoup de notes de bas de page et des références bibliographiques nombreuses. Cependant, le modèle de la vie narrée, c'est-à-dire le schéma narratif, reste à peu près le même. De la naissance à la mort, les biographes montrent leur objet comme une plante préformée qui se développe à la manière d'un organisme réagissant à tel ou tel milieu et produisant quelques faits notables : des engagements politiques, des livres, des honneurs qui dessinent une « carrière », et une vie sentimentale en arrière-fond. Les biographèmes qui ne font pas partie du narratif standard de l'écriture biographique sont exclus, voire tabous : les dépressions psychologiques, les rêves, l'imaginaire, les pratiques sexuelles, le rapport à l'argent, le temps perdu. « Il n'y a de biographies que de la vie improductive »[35], écrivait Barthes. Il est vrai qu'écrire une vie (*bio-graphein*), la sienne ou celle d'un autre, repose sur l'idée qu'on se fait d'une existence, de ce qui compte, de ce qu'on doit cacher ou montrer. Le perspectivisme semble alors l'emporter, la définition du vécu décidant la manière de l'écriture biographique.

Néanmoins, des critères de vérité demeurent, qui permettent de distinguer entre, d'un côté, une histoire fictionnelle et, de l'autre, une histoire consciente des artifices de l'écriture et qui maintient malgré tout l'exigence du vrai et du vérifiable. Cette dernière s'interdit l'invention. Il importe en effet de distinguer l'imagination et l'invention : l'imagination donne de la visibilité, elle atteint la substance du vivant et se construit à partir de données existantes et vérifiables. Par exemple, un historien peut imaginer que Napoléon se promène dans une forêt, s'il sait qu'il appréciait ce genre de promenade, mais il doit alors collecter des informations sur cette forêt, les types d'arbres, la saison de l'année, l'environnement sonore, la fréquentation

---

35. *Roland Barthes par Roland Barthes*, in O. C., *op. cit.*, p. 582.

du lieu par des promeneurs. Cependant, s'il se transporte lui-même dans ce paysage, y projetant ses impressions imaginaires, alors il invente. Ridley Scott, dans son film *Napoléon*, s'est affranchi d'un respect scrupuleux de la vérité historique, mais il n'est pas historien et a choisi de lier la grande histoire et la vie sentimentale pour produire des visions spectaculaires. Certes, la frontière entre imagination et invention n'est pas toujours ferme. Toutefois, la déontologie de l'historien, elle, reste d'atteindre au maximum, par sa méthode, un quotient de vérité vérifiable.

Sartre, lorsqu'il écrivit son énorme étude biographique sur Flaubert, fut accusé d'avoir inventé des scènes de Gustave enfant, jouant la comédie devant sa sœur et ses camarades de classe. Il n'a pas nié les avoir imaginées à partir d'une psyché du romancier qu'il a prétendu identifier. Le but de Sartre était d'écrire une psychanalyse existentielle. Pour se défendre des accusations d'appropriation, d'exofiction dirait-on aujourd'hui, Sartre expliqua avoir écrit un « roman vrai » de trois mille pages. À la même époque, en 1970, l'historien Paul Veyne employa la même expression dans *Comment on écrit l'histoire*. Une lecture trop rapide de cette expression peut ouvrir la voie à toutes les inventions, sans scrupules, au mépris de la vérité historique, et au mépris de la personnalité étudiée sur laquelle un auteur projette ses propres fantasmes. Mais le mot « vrai » doit être compris comme l'horizon ultime de l'écriture biographique et romanesque : jamais atteint et

cependant présent comme un objectif dans l'esprit de l'enquêteur et du chercheur. L'écrivain, de son côté, peut s'affran-
chir de ces règles méthodologiques. Ce sont alors les critères
éthiques qui permettent de juger s'il a parlé fidèlement d'une
personne autre, ou s'il a projeté ses fantasmes, s'il a écrasé et
digéré la parole et la psyché de l'autre dans un acte de canni-
balisme. Il n'y a pas de meilleur meurtre du réel de l'autre que
de faire croire qu'on parle à sa place.

L'intelligence artificielle et la fin de la preuve

Cet emballement narratif, repérable depuis une vingtaine d'années en France, participe à l'effacement des distinctions entre vérité et mensonge, entre fait et fiction. La liberté d'invention y gagne assurément, ainsi que le renouveau des formes d'écriture. Tout devient « littérature », matière à scénario imaginaire et à exposition du soi. Cette disponibilité à raconter des histoires trouve aujourd'hui un formidable moteur avec l'intelligence artificielle, particulièrement aux États-Unis. L'ego en moins, les LLM (*Large Language Model*) rendent disponible une infinité de récits selon les *prompts* (instructions) lancés sur des interfaces telles que le désormais fameux ChatGPT. L'agglomération de milliards de données permet en un instant de répondre à la demande d'information ou d'invention. Nul besoin d'un scénariste à Hollywood, il suffit de demander une description de Napoléon se promenant dans la forêt pour qu'arrivent aussitôt des séquences telles que « Vêtu de son uniforme militaire habituel, son bicorne emblématique vissé sur la tête, il avançait d'un pas mesuré, les mains croisées dans son dos. Chaque craquement de branche sous ses bottes lui rappelait les batailles passées, les stratégies élaborées dans des lieux similaires ». La narration IA est capable d'utiliser le cliché tout en le soulignant. Elle peut même varier les styles selon qu'on lui demande d'écrire à la manière de Proust ou de Shakespeare. Elle recompose des éléments stockés en mémoire et les présente avec des procédés narratifs et figuratifs analysés par les algorithmes de *machine learning*. Les modèles, ou *patterns*, l'emportent sur la vérification puisqu'il s'agit fondamentalement d'identifier et de simuler, plus que de vérifier et de discriminer. Il n'est alors plus besoin d'un sujet humain pour expliquer, relater ou composer.

L'intelligence artificielle surgit comme la quatrième blessure narcissique de l'humanité. Après Copernic montrant que la Terre n'est pas le centre de l'univers, Darwin intégrant l'humain dans une évolution animale, Freud soulignant que le moi n'est pas maître en sa demeure, l'IA témoigne que de nombreuses activités dont s'enorgueillissaient les humains peuvent être réalisées par des logiciels. Le débat sur l'intelligence artificielle s'est ainsi fixé d'abord sur le problème de l'autorité davantage que sur celui de la vérité. Qui écrit, qui parle, qui compose ? À qui attribuer des droits d'auteur ? Qui va être remplacé par la machine, les scénaristes, les traducteurs, les journalistes, les analystes financiers ou juridiques… ? Qui va contrôler ces machines permettant, par reconnaissance faciale, une surveillance quasi totale des individus, de leurs activités et déplacements ? Ces questions vertigineuses opposent le ton apocalyptique des conservateurs technophobes à l'euphorie naïve des modernes technophiles. Mais au-delà d'une comparaison entre les avantages et les inconvénients, entre les progrès attendus pour les sciences et les dangers politiques dus aux utilisations de l'IA, la question qui nous préoccupe ici, au regard de la vérité, concerne la référentialité de ses produits.

Dans ses résultats, l'IA nous donne-t-elle accès à des faits référencés et, si tel est le cas, ces faits sont-ils authentifiables et vérifiables ? En d'autres termes, quel est leur coefficient de vérité ? Par exemple, une recherche algorithmique peut apporter des informations sur les inégalités de salaire entre hommes et femmes. Elle dégage ainsi un fait statistique. Elle pourrait aussi observer les écarts de salaire selon la taille des humains ou selon leur couleur de cheveux. Il resterait alors à interpréter la valeur de ces informations. Ce sont moins des « faits » que des données, qu'on appelle les « data ». À confondre fait et donnée, on fait la confusion entre causalité et corrélation. Par exemple, des algorithmes peuvent fournir des données absurdes telles que le taux de divorce dans l'État du Maine qui va décroissant en même temps que la consommation de margarine. La corrélation est sans intérêt et ne prouve pas de causalité entre le déclin de la margarine dans les repas et la plus grande stabilité des mariages ! Aucune vérité ne peut être établie à partir de ces corrélations.

Un «fait» procède d'un réseau de références et de sens, tandis que les data sont des données brutes, aussi volumineuses soient-elles (*Big Data*). Elles peuvent aider à établir des faits, mais elles demeurent des constats numériques qui deviennent des éléments de connaissance une fois analysées, quitte à ce qu'elles le soient par des machines pour devenir des «smart data». Les algorithmes peuvent en effet connecter des données que l'esprit humain n'aurait pas la capacité de trouver et ils offrent ainsi des connaissances inédites en physique ou en médecine, repérant par exemple des facteurs de maladie qu'il devient alors possible de prévenir. La référence, c'est-à-dire l'accrochage de la donnée numérique au réel, est seulement supposée, à partir d'une hypothèse, et si elle fonctionne dans ces derniers cas cités, elle n'est toutefois pas assurée d'emblée. Elle reste par principe hypothétique, même si des résultats des recherches algorithmiques aboutissent à des connaissances pertinentes sur de multiples plans de réalité.

Demeure la question de la *preuve* : les données que mobilise l'intelligence artificielle sont-elles fiables et vérifiables? Le problème de la référence, et de la relation des data aux faits, se pose particulièrement avec le traitement des images. La reconnaissance faciale est l'une des technologies innovantes dont les applications font la réputation de l'IA, positive ou négative[36].

36. Voir Kashmir HILL, *Your Face Belongs to Us. The Secret Startup Dismantling your Privacy*, Simon & Schuster, 2023.

Si l'on interroge son rapport à la réalité, on constate son ambivalence : d'un côté, elle en fournit une connaissance, de l'autre, elle la déréalise. Quel est, en effet, le sens de la connaissance dans le mot « re-connaissance » appliqué aux visages ? Qu'est-ce que l'IA « connaît » de la réalité d'un visage ? Ses résultats apportent-ils un savoir ? Plus qu'une connaissance, elle dessine une cartographie des « aspects » de la face. En effet, l'approche des visages par l'IA est plus aspectuelle que naturaliste. Elle n'implique pas une naturalisation des visages pour découvrir des caractères psychologiques, puisqu'elle est fondée sur des données informatiques. Elle ne déduit pas une nature psychologique de ses informations. Certes, elle repère désormais des expressions psychologiques et identifie des visages souriants, en colère, tristes… Ces expressions sont composées de signes, codées en nombres et en pixels. Ce qui différencie l'épistémologie de la reconnaissance faciale par l'IA de la morphopsychologie et de l'anthropométrie, c'est cette approche aspectuelle : la technologie biométrique n'est pas naturalisante ; elle ne cherche pas à définir la nature des visages à partir de leurs traits morphologiques. Elle se concentre sur la surface, sur les aspects dont la perception n'est ni subjective ni objective, car elle n'implique aucune profondeur. L'IA travaille selon une approche numérique des formes par les nombres et les pixels. Les critères de ressemblance et de dissemblance ne sont donc plus analogiques, mais numériques. Ils se résument à des lignes informatiques.

Grâce à cette approche numérique, l'IA sait non seulement reconnaître un visage humain en tant que tel, selon ses aspects, encodés en langage informatique, mais aussi identifier un visage singulier au milieu d'une grande variété de formes. Par concordance numérique plutôt que par ressemblance analogique, elle distingue les visages de chacun. La reconnaissance faciale par IA identifie les visages sur vidéo, en les connectant et en les faisant correspondre à des millions d'autres portraits. Elle identifie ainsi les individus par différenciation. La question des usages d'une telle reconnaissance est éminemment politique, selon qu'elle sert à retrouver des victimes, rechercher des coupables ou surveiller les populations. Si Kant affirmait que la technique est neutre, elle ne se développe toutefois que dans un contexte idéologique favorable. Et la situation de visibilité généralisée, sous prétexte de sécurité, a imposé l'identification et le contrôle policier. Le fichage de certains visages permet déjà d'interdire l'accès de certains sites à des individus[37].

Cependant, les risques ne tiennent pas seulement à l'identification de ce qui est, mais aussi, et surtout à l'invention de ce qui n'est pas. La singularisation des visages et des individus, par son efficience dans le réel, donne l'illusion d'une information objective à travers ses codes. Toutefois, ce codage ouvre la voie à la transformation de ces visages en des marionnettes. La

---

37. Au Madison Square Garden de New York City, la reconnaissance faciale permet de repérer des journalistes ayant critiqué l'organisation des matchs et de leur interdire l'entrée du lieu.

définition numérique des visages permet en effet toutes sortes de manipulations. Certaines applications simulent le vieillissement des corps, d'autres jouent avec des hybridations, offrant des usages ludiques aux consommateurs. La singularisation numérique des visages réels se retourne alors pour ne devenir qu'une somme d'aspects décomposables et recomposables à volonté. Le visage s'est détaché de son référent singulier. Un renversement s'est même opéré, qui fait du double numérique un référent premier : une fois remplacé par son avatar, le visage réel se doit de lui ressembler. Les individus ont parfois du mal à être « reconnus » et cherchent à se composer une tête conforme à leur portrait numérique. C'est le cas des contrôles d'identité aux frontières ou avec des smartphones lorsqu'une tête décomposée du matin n'est pas identifiée et ne permet plus l'ouverture du téléphone. Il faut alors un effort pour que la physionomie ressemble à l'image numérique et soit « reconnue ».

Plus que fournir la preuve que telle personne est bien dans tel ou tel lieu, l'identification numérique des visages a produit des masques transformables. Le stockage des données faciales a ainsi dissocié le visage de sa représentation virtuelle qui lui échappe. La pratique des mèmes sur les réseaux sociaux amuse, les faux enregistrements d'Obama ou de Tom Cruise faisant des pitreries aussi. Mais lorsque des vidéos imitant parfaitement le visage en mouvement d'une personnalité lui font dire et faire n'importe quoi, lorsqu'il est possible, et de plus en plus facile, de montrer quelqu'un dans une situation inventée et de le faire parler avec sa propre voix, les risques de manipulation sociale et politique font moins rire. La prolifération des *deepfakes*, telles que les fausses vidéos pornographiques de Taylor Swift ou celle de Volodymyr Zelensky annonçant la reddition de l'Ukraine, dessine un avenir où le simulacre sera indétectable. La qualité de plus en plus grande de ces truquages et, bientôt, l'impossibilité de détecter la supercherie dans le code informatique témoignent d'une disparition de la preuve. Le référent n'est plus authentifiable techniquement et la désinformation peut se développer à bon train. Les sources de validation d'un fait, d'une action ou d'une déclaration doivent alors être trouvées ailleurs. La technologie de l'intelligence artificielle a ainsi modifié le régime de la preuve et, quoi qu'on pense de ses performances bénéfiques ou maléfiques, elle concourt à une reformulation des notions de vérité, de réalité, de fait et de référence.

Cette disqualification de la vérité, dans les domaines sociaux, intellectuels et techniques, dont nous avons proposé une archéologie, nous conduit à repenser l'exigence du vrai et la possibilité d'établir des faits. Est-il encore possible de sauver la vérité? Le recours à la raison universelle et au positivisme des faits ne suffit pas et n'est même plus possible. Il faut comprendre pourquoi et assumer ce tournant, tout en cherchant d'autres ressorts à partir du *désir* de vérité.

II- LES PASSIONS DE LA VÉRITÉ

Post-vérité et bulles épistémiques

La même année que l'élection de Donald Trump, en 2016, la notion de *post-truth* est entrée dans le dictionnaire Oxford. Élu mot de l'année, il désigne une situation dans laquelle les faits objectifs importent moins que les émotions et les croyances personnelles[38]. Adjectif devenu concept, la post-vérité a d'abord identifié des stratégies de manipulations politiques[39]. En 1992, le scénariste Steve Tesich, auquel le dictionnaire Oxford attribue la création du mot, suggérait que, dans la démocratie américaine, le peuple associe la vérité à d'horribles révélations et qu'il préfère ne pas les apprendre. Le gouvernement devrait même le protéger de telles vérités. La familiarité avec les mensonges d'État aurait ainsi conduit à vouloir un monde de post-vérité. Le Watergate, l'affaire

---

38. *Post-truth*: relating to or denoting circumstances in which objective facts are less influential in shaping public opinion than appeals to emotion and personal belief.
39. Voir https://www.thenation.com/article/archive/post-truth-and-its-consequences-what-a-25-year-old-essay-tells-us-about-the-current-moment

Lewinsky auraient habitué l'opinion à ce que la plus haute autorité de l'État puisse mentir, à divers degrés. Donald Trump a radicalisé cette pratique, formé par le cynique Roy Cohn, son avocat lorsqu'il n'était encore qu'un homme d'affaires. Ce conseiller juridique lui a appris à mentir systématiquement, même devant les preuves les plus confondantes : « *deny, deny, deny* », « *If you lose claim victory !* » Par principe et tactique, il ne faut jamais admettre la vérité.

Cependant, le véritable changement de paradigme tient à autre chose que la pratique du mensonge politique, vieille comme le monde et commentée par Platon ou Machiavel en leur temps. Le tournant vient plutôt de l'accoutumance avec une indétermination de la vérité et du mensonge, dont l'opposition importe moins que les affects, l'intuition et les partis pris. L'apport décisif de ce concept de post-vérité tient à la disqualification de l'antithèse entre vérité et mensonge. Il en résulte un discours qui n'est plus arrimé à la vérification dans le réel, susceptible de capter l'attention et de diffuser des assertions infondées. En 2005, Harry Frankfurt a nommé « *bullshit* » ce type de discours, qu'on traduit par « connerie » et qui s'apparente plutôt à la « foutaise », au « bobard » ou au « baratin », signifiant des propos sans fondement et qui tournent en rond.

Raconter des foutaises est une façon de capter l'attention par des récits affranchis de consistance. Ils s'apparentent à une fiction qui permet d'affirmer des contre-vérités, non comptables d'une pertinence factuelle. Les foutaises manifestent « une indifférence à ce que sont réellement les choses »[40]. Plus puissantes encore que le mensonge, elles ne cherchent pas à contredire ni à cacher la vérité, car elles opèrent au-delà de la logique contradictoire du vrai et du faux : leur mode opératoire consiste en la construction d'un monde parallèle et autoréférencé. Elles forment des bulles de croyances qui permettent de donner une cohérence aux situations et de fournir du sens à tout ce qui arrive. De la sorte, les foutaises rassurent ceux qui les croient d'autant plus qu'elles modulent la signification des faits pour qu'ils confirment une croyance, au lieu que ce soit les faits qui ajustent la croyance. Le monde devient un ensemble de signifiants qui contribuent à alimenter le système de substitution. « Les foutaises sont de plus grandes ennemies de la vérité que le mensonge »[41], observe Frankfurt. Ses analyses ont été reprises, à partir de 2016, pour expliquer le succès de Trump ou du Brexit, et nombre de spécialistes en sciences politiques soulignent ce changement d'époque et de paradigme.

---

40. "Indifference to how things really are", Harry FRANKFURT, *On Bullshit*, Princeton University Press, 2005, p. 2
41. *Ibid.*, p. 34. Frankfurt dénoncera le danger civilisationnel du baratin dans *On Truth*, Knopf, en 2006.

La post-vérité se nourrit des discours de foutaises qui constituent un écosystème[42] difficile à contredire, car il faudrait s'attaquer à l'ensemble des croyances et non seulement à une affirmation fallacieuse au sein de cet ensemble. Un médecin peut ainsi prouver l'efficacité d'un vaccin anti-covid, mais il ne saurait se défendre contre l'accusation de participer à un lobby provaccin tant cette hypothèse relève d'une défiance plus générale à l'égard d'une menace pharmacopolitique. Les discours contre les « technosciences », les progrès médicaux et, plus généralement, les études scientifiques ont favorisé le soupçon et alimenté la paranoïa en réaction à un ennemi supposé et caché. Les non-dupes ont le sentiment d'appartenir à une catégorie d'esprits supérieurs qui ne s'en laissent pas conter et savent déceler le mensonge, relier les faits et interpréter le monde des signes. Le déni des constats scientifiques, tels que le réchauffement climatique, est un mécanisme de défense qu'il n'est pas possible de contrer avec des preuves et des statistiques tant il obéit à des ressorts psychiques puissants.

Aux États-Unis, la contestation de l'élection de Joe Biden, en 2020, illustre ce paradigme de la post-vérité et son usage

---

42. Voir James Ball, *Post-Truth: How Bullshit Conquered the World*, Biteback publishing 2017 ; Matthew D'Ancona, *Post-Truth: The New War on Truth and How to Fight Back*, Ebury Publishing, 2017 ; Lee McIntyre, *Post-Truth*, MIT Press, 2018 ; Evan Davis, *Post-Truth: Peak Bullshit and What We Can Do About It*, Abacus, 2018 ; en France, voir Claudine Tiercelin, *La Post-vérité ou le dégoût du vrai*, Intervalles, 2023.

de la baliverne. Aucune preuve n'a été fournie pour justifier l'accusation d'un truquage des élections et, après de multiples recours, il a plutôt été établi que l'équipe de Donald Trump avait tenté, en Géorgie, de tricher avec les résultats. Malgré l'échec de tous les recours devant la justice, cette suspicion d'une fraude a perduré pendant le mandat de Biden. Ce sont même ces démentis qui ont paradoxalement renforcé la croyance en un complot du supposé «État profond» pour empêcher Trump de gagner à nouveau. Les faits réels, les preuves apportées ne modifient pas la croyance profonde. Il est révélateur que Fox News, la chaîne d'information favorable à Trump, ait diffusé continuellement cette suspicion alors même que ses journalistes savaient qu'elle ne reposait sur rien. Ils ont alimenté ces bobards, leur donnant les allures d'une vérité cachée. Dans la lignée des *alternative facts*, ces professionnels ont alimenté la désinformation en entretenant un récit fallacieux et en se dédouanant de toute enquête journalistique.

La puissance des foutaises, dans un milieu de post-vérité où elles interagissent et s'autolégitiment, tient à la cohérence d'un raisonnement qui a l'apparence d'une logique rigoureuse alors qu'il repose sur de fausses prémisses. L'usage de la causalité, de la déduction, de la confirmation offre une armature rhétorique propre à convaincre, même si elles ne procèdent que de corrélations abusives. La joie d'y trouver un monde plein de sens, délivré du doute et de l'incertitude, favorise la croyance dans ce type de discours. Elle conforte un système d'autodéfense face à toute affirmation qui s'autoriserait de la preuve et de la vérité scientifique. La suspicion, que les pratiquants de la post-vérité éprouvent à l'égard des évidences vérifiées, relève d'une auto-immunité qui les protège de toute remise en question de leur croyance. Car la suspicion n'est pas le doute méthodique et nécessaire qui vainc les préjugés, elle repose au contraire sur un sentiment de certitude : celui de savoir sans qu'il soit nécessaire de vérifier son savoir. Elle construit un rempart qui disqualifie toute assertion ne confirmant pas le discours homogène de la croyance.

Cette séparation entre, d'une part, un système de croyances et, de l'autre, des vérités objectives explique la profusion des discours de foutaise et l'impossibilité de contredire ceux qui les croient. Elle témoigne des « bulles épistémiques » dans lesquelles pensent des groupes sociaux, informés par des sources homogènes et non contradictoires. La philosophe Elizabeth Anderson les analyse comme des réseaux sociaux qui sélectionnent les données pour des personnes partageant les mêmes idées, sans ressource pour contester des faits et des affirmations infondés[43]. La puissance de ces bulles vient de la résistance à toute contradiction, d'où le règne des fausses

---

43. Elizabeth ANDERSON, *"Epistemic Bubbles and Authoritarian Politics"*, *in Political Epistemology*, Oxford University Press, 2021, voir aussi C. THI NGUYEN, "Echo Chambers and Epistemic Bubbles" in *Episteme*, Cambridge University Press, 2018.

informations, les *fake news* qui circulent et sont amplifiées par le réseau. Cette disposition mentale conduit les habitants de telles bulles épistémiques à ne voir et comprendre le monde qu'à travers des filtres, ceux des médias qu'ils consultent et qui corroborent leurs représentations et leurs croyances dans ce qui est vrai. Ce phénomène de bulles cognitives est aussi analysé dans les usages d'Internet : les algorithmes, à partir des recherches personnelles des usagers, construisent ainsi des bulles qui identifient leurs choix, leurs goûts, leur consommation, leurs opinions. Ils les confortent dans leurs options et les isolent de tout ce qui contreviendrait à ces orientations. Ils renforcent ainsi leurs claustrations culturelles et idéologiques.

Enfermés dans leurs bulles épistémiques, ceux qui partagent les mêmes croyances et représentations non seulement acceptent les affirmations qui viennent de leur groupe, mais ils accueillent les plus extrêmes qui affermissent leur appartenance à la même bulle. De là vient le goût de la radicalité et les emballements paranoïaques et conspirationnistes qui se nourrissent de confirmations internes et résistent d'autant plus à toute donnée extérieure dissidente. Un tel processus de radicalisation épistémique se développe à travers des «chambres d'écho», cette fois de manière plus active. La bulle est un milieu dans lequel les personnes véhiculent un conditionnement mental plus ou moins conscient, alors que la chambre d'écho témoigne d'une activité belliqueuse qui fait circuler de fausses informations et des bobards. L'attaque contre des affirmations discordantes renforce la cohérence de la bulle et la croyance dans les fausses vérités. Un désir identitaire alimente les antagonismes grâce auxquels, au-delà d'un souci du vrai, on impose ce qu'on est à travers des affirmations radicales. Ainsi, le monde commun s'est-il effacé pour devenir une addition de sphères concurrentes.

Cet antagonisme de principe, par lequel chacun confirme sa bulle épistémique, est au cœur des populismes triomphants. Peu importe la recherche des faits et de la vérité, l'essentiel est d'afficher les valeurs et représentations de son groupe, et de nier tous les démentis. Le bipartisanisme américain s'est ainsi radicalisé au point d'enrayer toute possibilité de communication tant les bulles sont antagonistes. Les « guerres culturelles » polarisent des positions incompatibles sur des questions telles que le droit des minorités, l'*affirmative action* ou l'enseignement de l'histoire. Certes, il s'agit là d'opinions et de valeurs, plus que de vérité objective. Toutefois, il est frappant de constater combien les biais sont forts dans l'analyse des faits et des injustices. La liberté d'expression garantie par le premier amendement de la Constitution américaine en offre un exemple récent : les mêmes universitaires qui avaient dénoncé en 2020 la défense du *free speech* face à la *cancel culture*, n'y voyant qu'une revendication de Blancs insensibles au langage raciste, l'ont invoqué quatre ans plus tard devant le Congrès pour justifier le droit de crier des slogans antisémites « selon le contexte ». En France, de tels biais sont aussi manifestes dans les médias, particulièrement sur les sujets les plus clivants tels que l'islamisme, entre déni et généralisation, les uns refusant d'y voir un problème majeur, les autres accusant la communauté musulmane dans son entier. Au lieu de favoriser les analyses, les faits sont réquisitionnés pour confirmer le parti pris idéologique. Pour autant, il n'y a rien de nouveau dans cette opposition des points de vue à travers les médias. Ce qui a changé, toutefois, est l'effacement de la vérité au nom de la valeur.

L'affirmation des bulles idéologiques l'emporte désormais, avec sa force de coalition, sur l'analyse des faits. La disqualification de la vérité, dont nous avons énuméré plusieurs facteurs – l'étoilement des instances d'information, l'omnipotence du ressenti, la parole communautaire et victimaire, l'appropriation culturelle, la suprématie du narratif, la redéfinition de la preuve –, a modifié les régimes de discours dans leur relation au vrai et à la vérification. Ce changement de paradigme se manifeste aujourd'hui, mais il n'est pas récent et il importe d'en tracer une archéologie pour répondre à la question : comment en est-on, dans les esprits, arrivés là ? Une étude des idées s'impose pour comprendre comment, depuis une cinquantaine d'années, la notion de vérité a été destituée. Loin d'être les causes ou les moteurs de ce tournant – ce que donne à croire un idéalisme naïf –, elles en sont l'expression et la chambre d'écho. Commençons par le contexte européen qui a largement contribué à la déconstruction de la vérité.

Le nietzschéisme européen

Au lendemain de la Deuxième Guerre mondiale, les penseurs de la théorie critique, qui avaient émigré aux États-Unis pour fuir le nazisme, ont commencé à mettre en cause l'héritage des Lumières, lequel n'a pas empêché et a même favorisé une politique exterminatrice en Allemagne. Lorsqu'ils publient *Dialectique de la raison* en 1944, Adorno et Horkheimer réexaminent le projet des Lumières, fondé sur le progrès de l'esprit humain guidé par la raison. Ouvrant la voie à ce qu'on appelle, à partir de 1950, l'École de Francfort, ils déploient une critique de l'aliénation capitaliste dont la référence à l'universalisme sert à masquer le pouvoir de la bourgeoisie. Les idéaux des Lumières – la sortie de la nature, l'émancipation de l'homme affranchi des superstitions de la religion, la cosmopolitique des États unis par le droit universel… – ont surtout servi des pratiques de domination technique, économique et culturelle au nom de la rationalité. La vérité, comme la liberté, n'est plus qu'un mot fétiche.

En France, c'est à partir des années 1970 que s'est développée une critique des grands concepts théoriques, à travers plusieurs champs disciplinaires. La remise en cause de la société de consommation issue des Trente Glorieuses, la prise de conscience tardive des désastres européens liés à la Shoah et au colonialisme ont favorisé cette attaque contre les modèles de pensée du Vieux Continent. À travers la « déconstruction » de la raison dite occidentale, c'est toute une série de notions qui sont tombées de leur piédestal. L'universalisme qui les fondait est apparu comme une grammaire justifiant la domination d'une civilisation sur les autres : les Lumières ne brillent plus pour éclairer le monde, et la vérité ne peut plus prétendre s'adresser à tous. L'Homme, la Raison, l'Éthique, le Droit, le Sujet, l'Auteur, la Démocratie firent l'objet d'investigations et de reformulations pour en dévoiler les attendus contestables. La Vérité ne pouvait alors plus s'employer qu'en termes de véracité ou de véridiction, tant sa prétention à rendre raison du monde semblait périmée. Ainsi, les structuralistes, les post-structuralistes, les déconstructionnistes, les décolonialistes… ont successivement récusé cette idée d'une vérité universelle et intemporelle supposée transcender les particularités. Le concept de vérité est devenu une vieille divinité d'inspiration platonicienne, appartenant à la métaphysique occidentale, qu'il fallait désormais ranger au magasin des antiquités. L'anti-platonisme de Deleuze, la démystification du grand récit de la raison émancipatrice par Lyotard, ou encore la déconstruction du phallogocentrisme par Derrida ont été des vecteurs majeurs de cette hypothèque posée sur des concepts fondamentaux de la philosophie occidentale.

La disqualification de la vérité correspond au moment nietzschéen de la pensée française. Un colloque de Cerisy consacré, en 1972, à « Nietzsche aujourd'hui ? » a signé cette orientation décisive. Deleuze, Derrida, Kofman, Nancy, Lyotard y participèrent parmi une trentaine de penseurs auxquels on pourrait ajouter Kristeva, Foucault et Cixous influencés aussi par l'auteur du *Crépuscule des idoles*. Le soupçon porté sur la notion de Vérité est commun à leurs diverses approches. Il n'y a pas de vérité, affirme Nietzsche[44], rien n'est vrai ni faux, il n'y a que des masques et derrière ces masques ne se trouvent aucune essence, aucun arrière-monde, contrairement à la métaphysique platonicienne, mais encore d'autres masques, sans qu'on puisse atteindre une vérité originelle. La Vérité aussi bien universelle que factuelle est ainsi déposée, comme en une déposition de croix, et sa chute conduit à l'affirmation qu'il n'existe pas de fait vrai, mais seulement des récits. Une phrase fameuse de Nietzsche est l'emblème d'une telle rupture : « Il n'y a pas de faits, il n'y a que des interprétations »[45]. Elle consonne avec le regain d'intérêt pour les présocratiques, et notamment pour les sophistes

---

44. Voir Jean GRANIER, *Le problème de la vérité dans la philosophie de Nietzsche*, Seuil, 1966.
45. Friedrich NIETZSCHE, *Fragments posthumes*, Gallimard, fin 1886-printemps 1887, Colli et Montinari, 7 [60], p. 304-305.

tels que Protagoras déclarant que l'homme est la mesure de toute chose et doutant qu'il existe une vérité objective. Ces affirmations semblent justifier, de façon anachronique, l'affirmation de Kellyanne Conway sur les *alternative facts* : pas de fait, mais seulement des points de vue sur la réalité et des narratifs qui ont chacun leur vérité.

Cependant, cette lecture de Nietzsche est inexacte et abusive : la proposition du philosophe ne justifie ni le relativisme ni le subjectivisme. Certes, il rejette le positivisme et la croyance en une réalité objective, mais c'est au nom d'une conception du monde et non d'une question logique. Il privilégie les forces à l'œuvre dans l'existence et ne conçoit pas de « faits en soi ». Cela dit, c'est surtout le mot d'interprétation qui doit être commenté dans sa phrase. Cette dernière ne se réfère absolument pas à un sujet qui interprèterait la réalité à partir de sa subjectivité, car il n'y a pas d'arrière-plan ou d'au-delà qui offriraient une vision ou une explication de ce qui est. La pensée interprétative est une force qui s'impose sans sujet et quand elle veut. L'interprétation est une position d'existence et elle peut être mauvaise ou fausse. Nietzsche ne donne pas crédit à toutes les interprétations du monde possibles. Celles qu'il valorise relèvent de la création, au titre d'œuvre d'art.

Au lieu de légitimer un relativisme du type « à chacun sa version, toutes sont valables », Nietzsche évalue les interprétations en fonction des intérêts qui les inspirent et de leur qualité esthétique. Sa phrase fait écho à celle qu'il avait formulée dans *Le Crépuscule des idoles* : « *il n'y a pas de faits moraux* [...]. La morale n'est qu'une interprétation – ou plus exactement une *fausse* interprétation – de certains phénomènes »[46]. Il poursuit : « Le jugement moral, comme le jugement religieux, ressortit à un stade de l'ignorance où l'idée même de réel, la distinction du réel et l'imaginaire font encore défaut : de sorte qu'à ce stade, le mot de "vérité" désigne tout simplement des phénomènes que nous appelons aujourd'hui "illusions de l'imagination" ». Nietzsche condamne ainsi certaines interprétations comme la morale et la religion, il dénonce leur fausseté et leur ignorance. Nous sommes loin ici d'un relativisme qui accepterait toutes les fictions sous prétexte qu'il n'existe ni réel, ni fait, ni vérité.

Malgré cette clarification sur le propos nietzschéen, le coup porté à la Vérité supraterrestre est fatal, et sa remarque consonne avec une dévalorisation des conceptions métaphysiques et rationalistes de la vérité. Deleuze, le plus nietzschéen et le plus anti-platonicien des philosophes français de cette époque, lance la charge dans *Nietzsche et la philosophie*. Il y fait un sort à « l'image dogmatique de la pensée » léguée par les philosophes, selon laquelle un penseur doit aimer le vrai et n'est trompé que par des forces extérieures à lui telles que le

---

46. Friedrich Nietzsche, *Le Crépuscule des idoles*, Gallimard, 1974, Colli et Montinari, p. 97.

corps et les passions. Au contraire, écrit-il, « les catégories de la pensée ne sont pas le vrai et le faux, mais le noble et le vil, le haut et le bas, d'après la nature des forces qui s'emparent de la pensée elle-même »[47]. Il y a *des* vérités, multiples, mais pas d'erreur, seulement de la bêtise, c'est-à-dire une manière basse de penser. Puis il ne cessera de travailler sur les puissances du faux à partir du cinéma ou de Leibniz, dans les années 1980. « Je crois au secret, dit-il, c'est-à-dire à la puissance du faux, plutôt qu'aux récits qui témoignent d'une déplorable croyance en exactitude et vérité »[48].

La référence à la vérité est devenue tellement incongrue que Deleuze s'inquiète de voir son ami Foucault reprendre cette vieille lune. Est-il possible qu'on puisse encore s'intéresser à la vérité ? se demande-t-il. Mais Foucault travaille moins sur *la* Vérité que sur les procédures de discours censés dire des vérités. Au lieu d'une histoire de la vérité, il propose des généalogies sur les régimes et les protocoles du dire-vrai. Lui aussi remet en question la volonté de vérité et, dans les années 1980, il étudie la fonction des procédures incitant les individus à dire la vérité, de la Grèce classique à l'âge contemporain : la confession religieuse, l'aveu judiciaire sont à la fois des techniques de contrôle par lesquelles les institutions savent ce que font les individus et des modes de subjectivation qui

---

47. Gilles DELEUZE, *Nietzsche et la philosophie*, PUF, 1962, p. 119.
48. Gilles DELEUZE, *Pourparlers*, Minuit 1990, p. 21.

amènent les malades, les fous, les croyants, les criminels à se penser dans les catégories du savoir qu'on leur impose. En montrant que la vérité est indissociable de ses conditions de déclaration – sa diction et sa direction, sa fonction sociale et psychique dans l'économie du pouvoir –, Foucault a dépassé l'opposition du vrai et du faux. À la toute fin de sa vie, toutefois, il est revenu à la question philosophique de la vérité en revisitant les penseurs de l'Antiquité grecque. Dans *Le Courage de la vérité*, séminaire prononcé en 1984, il met en valeur la *parrêsia*, ce dire-vrai pratiqué par les cyniques, les stoïciens et Socrate. Il ne s'agit plus seulement de véridiction politique, mais aussi d'une éthique du soi qui assume sa vérité quitte à provoquer le scandale public. Moins nietzschéen soudain et davantage socratique, Foucault sympathise avec ces héros antiques et emploie le mot inhabituel de courage, associant la vérité à une vertu. L'approche de la mort – Foucault est alors atteint du sida en phase terminale – n'est sans doute pas pour rien dans ce tournant éthique qui fait revenir le mot de vérité dans sa force morale, même si le vrai demeure un discours plus qu'une réalité de fait.

Ces pensées d'inspiration nietzschéenne, parmi bien d'autres de cette époque, ont eu un rôle exceptionnel, non seulement en philosophie, mais aussi dans de nombreuses disciplines, tant elles ont modifié le rapport au savoir et, plus généralement, la grammaire de la pensée. Leur inventivité a inspiré l'art, la littérature, la psychiatrie, la politique… dans le monde entier, au point qu'elles ont marqué un moment épistémologique et culturel fort dont les acquis et les bénéfices demeurent vivaces aujourd'hui. Toutefois, notre dette à leur égard ne doit pas nous empêcher d'en analyser certains dommages collatéraux. Pour le formuler plus crûment : payons-nous aujourd'hui la facture de cette déconnexion de la vérité avec le réel? La puissance du mensonge s'étant répandue au point que l'antithèse entre le vrai et le faux semble se périmer, nous sommes obligés d'intégrer au bilan de ces années théoriques les conséquences politiques d'un perspectivisme illimité. Que répondre et qu'alléguer lorsqu'un fait, lorsqu'une vérité ne sont plus attestables et qu'aucune instance ne peut les entériner objectivement et absolument face à la diversité des points de vue? Si toute vérité est une construction, un récit, une fiction, si toute affirmation ne renvoie qu'à l'arbitraire de l'affirmateur ou à la logique de sa grammaire, comment prouver que des faits ont bien eu lieu et que des affirmations contraires sont bel et bien fausses? Certes, les courants philosophiques ne sont pas responsables de la diffusion des *fake news*, et Kellyanne Conway ne s'est probablement pas inspirée de ces penseurs de ladite *French Theory*. Cependant, l'activité intellectuelle n'est jamais étanche et participe à une histoire des mentalités et des discours, une *épistémè*, dirait Foucault. Les penseurs ne réfléchissent pas hors sol. Or la consonance de la post-vérité avec ces propositions théoriques et avec les pratiques décomplexées pour manipuler les données nous interroge.

Le postmoderne, la déconstruction, le constructionnisme, le relativisme culturel ou le perspectivisme ont ramené toute forme d'énoncé vrai à une procédure d'énonciation : à chacun sa vérité, selon son milieu social, sa culture, son genre. La critique de l'ethnocentrisme par Lévi-Strauss, dans *Race et Histoire*, en 1952, a été décisive pour relativiser le grand récit occidental sur les civilisations et faire droit à d'autres représentations du temps, de l'art, de la pensée incarnées par des populations reléguées autrefois dans la nature. Moralement et politiquement, cette destitution du discours universalisant, prétendant dire la vérité pour tous, a permis que se fassent entendre des voix oubliées et réprimées. Il importe de rappeler la légitimité et les effets politiques d'une telle remise en cause du Sujet universel parlant pour tous. Dans les années 1970, l'injonction militante face à toute prise de parole questionnait ainsi le parleur : « D'où tu parles ? » Elle supposait que toute affirmation n'était que l'expression d'une position sociale et d'un intérêt. Es-tu un ouvrier ou un bourgeois, un Français ou un immigré, un homo ou un hétéro ? Aux États-Unis, une même attitude encourageait les Noirs, les gays, les subalternes à parler depuis leur propre point de vue : prenez la parole en votre nom, exprimez votre sens du juste, du beau, du vrai, personne ne doit parler à votre place !

Certains penseurs postmodernes ont toutefois perçu les limites d'une disqualification par principe de tout discours universalisant, bien que fondée sur une démarche théorique et politique légitime. Ainsi Jean-François Lyotard, l'auteur de *La Condition postmoderne*, s'est interrogé ensuite, dans *Le Différend*, sur la possibilité de contester une contre-vérité aussi grave que la négation des chambres à gaz pendant la Deuxième Guerre mondiale. Il assume ainsi la difficulté causée par l'abandon de l'universel et de la vérité face au révisionnisme incarné par le négationniste Faurisson. Pour le formuler autrement : comment peut-on établir une règle d'argumentation et de jugement pour décider d'un fait (ici, l'existence des chambres à gaz et l'extermination des juifs d'Europe), alors que les débatteurs campent sur leur point de vue? Comment faire valoir la scientificité des historiens si on ne croit pas à la vérité objective? Le différend oppose en effet deux parties qui ne partagent pas les mêmes critères de vérité et de vérification. Alors qu'un litige peut être réglé par un accord, un différend bute sur l'incompatibilité des langages employés. Lyotard se tourne vers la philosophie du langage et Wittgenstein pour analyser les régimes de phrases et de discours. S'il ne conclut pas, il est notable qu'il a pris la mesure d'un problème concernant le statut de la vérité en se confrontant à une question politique grave, alors que les témoins de l'existence des chambres à gaz sont morts et que leur silence laisse place aux affabulations.

Plus récemment, un des « différends » majeurs concerne les questions de climat et de réchauffement de la Terre. Il oppose des experts scientifiques et des « climatosceptiques ». Les uns avancent des statistiques et des prévisions, les autres les accusent d'idéologie catastrophiste. La philosophie participe à ce débat par le renouveau des études sur la vie, dont témoigne le succès du préfixe éco- qui tend à supplanter celui de post- : écolinguistique, écopoétique, écoféminisme… déploient cette nouvelle approche du vivant. L'écocritique permet en effet de repenser l'évolution de la Terre et le rôle de l'intervention humaine. Elle reconsidère la relation de l'humanité à la nature, à la planète ou à la Terre et reformule ces termes et les imaginaires de l'habitation humaine. Là encore, les effets théoriques, poétiques et politiques de ces études témoignent de leur richesse. Telle n'est pas ici la question, c'est plutôt la place de la vérité qui nous occupe : non pas la vérité des constats scientifiques sur le changement climatique, mais le statut du vrai dans les philosophies du vivant et de la Terre qui ont été élaborées.

Si la pensée de l'écologie est déjà ancienne, développée par des philosophes tels que Hans Jonas et surtout Arne Næss, elle a pris un tour nouveau avec Michel Serres, dans *Le Contrat naturel* (1990) et avec Bruno Latour et ses thèses sur l'anthropocène. Donner un statut de sujet à la Terre, qu'elle soit le milieu dans lequel vivre en symbiose ou Gaïa[49], cet être avec lequel nous interagissons, une telle extension modifie le rapport de la conscience au réel, devenu le tout cosmique

---

49. Bruno Latour, *Face à Gaïa*, Le Découverte, 2015.

auquel elle appartient. Notre propos n'est pas de discuter ces représentations, mais d'observer combien le critère de la vérité disparaît dans une telle co-naturalité ou co-terrestrialité. Le retour des cosmogonies extraoccidentales, et notamment la valorisation récente des savoirs indigènes, poursuit la critique de l'ethnocentrisme européen et de la modernité techno-scientifique. L'immersion dans le grand Tout du vivant, antithèse du rapport cartésien à la nature, modifie profondément la position d'extériorité et la faculté de jugement de l'esprit humain. Glissant, dans un syncrétisme entre décentrement postcolonial et pensée du Tout-Monde, en a donné le mantra avec cette phrase fameuse : « Rien n'est vrai, tout est vivant »[50]. La fin du statut spécifique de la conscience et de sa faculté de jugement laisse en plan la question de la vérité scientifique, puisqu'à la fois rien n'est vrai et tout est vrai. Comment dès lors rétablir la distinction entre le vrai et le faux, entre fait et fiction, entre réalité et imaginaire ? Une attention aux procédures langagières s'impose et la rigueur analytique de la philosophie anglo-américaine peut nous éclairer.

---

50. Édouard GLISSANT, *La Terre magnétique*, Seuil, 2007, p. 118.

Le pragmatisme américain

De quoi parle-t-on exactement lorsqu'on emploie le mot de « vérité » ? Comme beaucoup de notions et concepts philosophiques, ce mot est une abstraction qui recouvre et confond des sens très divers. Il les synthétise, pensent les philosophes idéalistes, pour accéder à l'essence du concept. À l'opposé, les philosophes analytiques anglo-américains ne voient qu'une découpe linguistique dans les multiples significations du mot qui se superposent. De là vient la nécessité de distinguer, dans le souci de clarifier, les sens et les emplois du mot de vérité. Sauf à parler de la vérité d'un point de vue métaphysique ou théologique, il n'est plus possible de l'enfermer dans une définition absolue. Celle qui nous occupe, dans ce livre, est la *vérité factuelle* que nous tentons de maintenir face à la notion d'*alternative fact*. La vérité de fait est de l'ordre du « il y a » ou « il y a eu », au présent ou au passé. Elle est vérifiable et objectivable en extériorité, malgré la relativité des points de vue. Un fait peut être établi tel que « X a tiré sur Y ». Certes, on peut ergoter pour dire que le fait ne peut être isolé ainsi et qu'il faudrait connaître son contexte, savoir pourquoi X a tiré, si c'est bien Y qu'il visait, si le taux de criminalité est fort dans son milieu, si la violence sociale est un élément déterminant de son geste… il n'en demeure pas moins qu'on peut isoler un fait incontestable : des témoins, des enregistrements vidéo, des empreintes… permettent d'affirmer et de prouver que X a tiré sur Y.

La *vérité scientifique*, elle, est aussi externe au sujet percevant et elle est de l'ordre de la démonstration rationnelle. Par exemple, la loi de la gravitation universelle peut être admise par tous. Elle se fonde sur des données vérifiables et reproductibles, éliminant au maximum les effets d'interprétation. En revanche, la *vérité de conviction* engage le sujet qui, au-delà de la certitude, croit dans ses options morales ou politiques, telles que «la justice passe par l'égalité». Davantage tournée vers le sujet et la qualité de ses intentions, la *vérité de la conscience* se dit en termes de sincérité et d'authenticité. On qualifiera ainsi de bonne ou mauvaise foi une affirmation personnelle du genre «j'ai toujours été fidèle». Il existe aussi les *vérités communes*, qui relèvent des opinions partagées par un groupe, une société, une civilisation, telles que «manger son prochain est contre nature». Elles relèvent de la croyance et fonctionnent comme des évidences non fondées, ce qui ne signifie pas qu'elles sont fausses.

Le mot de vérité est un cluster : il regroupe de nombreux sens hétérogènes qui forment un foyer de significations. Nous croyons parler de la même chose par l'emploi d'un même mot, mais nous l'entendons de façons différentes. Son unité tient à l'écrasement des sens divers et par sa répétition qui nous le rend familier. Il est un des mots fétiches de la philosophie, du moins de l'histoire de la philosophie telle qu'elle a été forgée en Europe au XIXᵉ siècle. L'enseignement scolaire apprend en effet aux élèves que, depuis Socrate, les philosophes sont en quête de la vérité. La philosophie serait un ensemble de procédures pour accéder à LA vérité : par la réminiscence, la pratique de la raison, le doute méthodique, l'abstraction conceptuelle… S'ajoutent à la confusion d'un tel cluster les qualités et les valeurs agglomérées, car il est associé à d'autres concepts par connotations et antithèses : vrai/faux, révélation, lumière, pureté, courage… sont des mots qui s'ajoutent à la nébuleuse de sens.

Face à un tel complexe de significations du mot de vérité, les philosophes analytiques anglo-américains, animés par un souci de rigueur scientifique et linguistique, s'opposent à l'inflation des théories de la vérité. Parmi eux, certains revendiquent un « déflationnisme » qui se manifeste par une approche la plus minimale possible des propositions du type « ceci est vrai ». Tout au plus, peut-on reconnaître que la neige est blanche, sans avoir besoin d'inférer des propriétés sur la nature[51]. Il s'agit alors de dégonfler les ballons remplis d'air

---

51. Voir Paul HORWICH, *Truth*, Oxford: Basil Blackwell, 1990 et Cheryl MISAK, "Deflating truth: pragmatism versus minimalism", in *Reunifying Epistemology*, Oxford University Press, 1998.

que sont les théories de la vérité, et que Wittgenstein désignait comme de fausses profondeurs. Contre les emphases et des confusions de la philosophie dite continentale, cette démarche entend limiter ses analyses à une élucidation de ce qui peut être dit vrai ou faux. Cependant, plusieurs écoles, au sein de ce courant, s'affrontent et leurs débats mettent en jeu le sens de la vérité dans sa relation au réel. Malgré la volonté d'établir ce qui peut être dit vrai, les notions de fait et de réalité objective sont parfois remises en cause, au péril de la notion de vérité.

La thèse la plus répandue sur la vérité est celle de la correspondance : elle tient qu'une déclaration est vraie si elle correspond à un état de fait dans le monde. La vérité repose sur l'adéquation de propositions avec la réalité objective. Cette relation au réel est diversement définie en termes de conformité, congruence, référence, représentation, selon la manière de comprendre le lien de l'énoncé au fait ou à la situation. Elle peut définir une propriété du réel ou seulement en donner une image juste. L'ambivalence de cette thèse tient précisément à la nature du lien entre la phrase énoncée et la réalité existante : l'affirmation entretient-elle un lien substantiel avec le réel tel qu'il est ou bien n'est-elle que la confirmation d'un langage par lequel on nomme et représente ce réel? La théorie de la cohérence[52] va dans ce deuxième sens et conteste la théorie de la correspondance : la garantie qu'une proposition soit vraie

---

52. Voir Richard L. KIRKHAM, *Theories of Truth*, MIT Press, 1995.

repose avant tout sur sa compatibilité avec d'autres propositions, plus que sur une vérité du monde existant. Dès lors,
l'affirmation d'une vérité relève plus de la logique ou de la
grammaire que d'un constat objectif sur le réel. Il est d'ailleurs
notable que les philosophes analytiques redoublent constam-
ment de modestie pour diminuer la puissance de vérité du
langage, comme en témoignent les déflationnistes qui considèrent qu'on en dit toujours trop sur la vérité. Une proposition dite « vraie » tient davantage d'une *validité* au sein du
langage que d'une vérité sur le monde. Malgré cette version
humble, force est de constater les effets de l'affirmation d'une
vérité dans le réel. Car affirmer qu'un fait est vrai ou faux ne
se limite pas à une opération logique et concerne bel et bien
la plupart des conflits moraux, sociaux et politiques. Cette
observation conduit à analyser le langage de la vérité au sein
des pratiques sociales.

Sur un tel sujet, le courant pragmatiste américain apporte
une réflexion longue et variée dont les débats récents
témoignent d'une crise qui consonne avec la disqualification
des faits et des vérités. Au départ de cette approche pragmatiste, le lien entre vérité et réalité est clairement affirmé avec
Charles S. Peirce. Ce philosophe de « l'enquête » est tout sauf
un sceptique et un relativiste, contrairement à l'image pauvre
du pragmatisme défini comme une option pratique face à l'absence de vérité. Sa recherche d'une méthode, dans *The Fixation
of Belief*, vise à sortir du doute et des croyances fallacieuses par

l'expérience et l'action, et non selon une introspection de l'esprit comme Descartes présentait la sienne. Elle consiste à vérifier les croyances et le sens commun en adoptant une démarche scientifique. Au bout de l'enquête, la vérité n'est pas définitive et peut toujours être corrigée. Peirce assure donc qu'une vérité du réel peut être atteinte, pour peu qu'on tire parti de nos perceptions et de nos raisonnements. Malgré la diversité des points de vue et des sensations qu'éprouvent les humains dans leurs relations aux choses, il existe bien une réalité sur laquelle une vérité peut être émise par tout être humain.

Une telle confiance dans l'enquête pour atteindre des vérités du réel, fussent-elles perfectibles, s'est affaiblie dans l'histoire du pragmatisme américain, au point d'arriver à remettre en cause l'idée même de vérité. Ce sont d'abord William James et John Dewey qui tempèrent cette ambition en admettant seulement des degrés de croyance dans la vérité du réel, ou en ne reconnaissant qu'une résolution des doutes qui mène à un accord fonctionnel. Dewey propose ainsi la notion d'assertabilité garantie (*warranted assertibility*), en place de la vérité. Il désigne ainsi les propositions sur lesquelles un large accord est possible et qui résolvent les doutes et les contradictions. Leur validité repose sur leurs bénéfices pratiques : elles marchent pour tout le monde et elles sont utiles. Mais elles ne relèvent plus de la croyance, de la vérité ou de la connaissance. Ce sont des propositions linguistiques validées par un groupe humain. Sur cette pente d'un abandon de la notion de vérité, les pragmatistes récents, tels que Richard Rorty, ont définitivement rompu avec le souci de garantir la véracité de ce qui se passe dans la réalité. Même l'objectivité a perdu sa pertinence et Rorty lui substitue la notion de solidarité. Il n'y a plus que des ententes conjoncturelles sur ce que l'on considère comme vrai, mais qui n'ont aucune légitimité dans l'ordre des choses. Ce sont des assertions pratiques dont le seul intérêt est qu'elles fonctionnent et permettent aux humains de s'entendre. Il n'y a pas de vérité ni même de fait en soi ou dans l'existence, et Rorty recommande d'abandonner de telles notions qui ne demeurent que comme des effets du langage humain : «Comme les "vérités" et les "faits" sont des notions presque équivalentes, je pense qu'il est important de se débarrasser des deux. Je veux donc toujours défendre l'affirmation selon laquelle il n'y avait pas de vérités avant que les êtres humains ne commencent à utiliser le langage»[53].

Si nous revenons à la question initiale de ce livre – comment répondre à la notion d'*alternative facts*? –, le pragmatisme radical de Rorty ne permet pas de s'opposer à l'affirmation de Kellyanne Conway. Y a-t-il eu plus de monde à l'investiture de Donald Trump qu'à celle d'Obama? Si un groupe

---

53. "Since 'truths' and 'facts' are pretty nearly equivalent notions, I think it is important to get rid of both. So I still want to defend the claim that there were no truths before human beings began using language", Richard RORTY, "Response to Brandom", in *Rorty and his Critics*, Wiley, 2000. Voir aussi cet autre dialogue, Pascal ENGEL et Richard RORTY, *À quoi bon la vérité ?*, Grasset, 2005.

d'humains, tel que celui des électeurs républicains, s'entend pour le formuler et qu'ils y trouvent en plus un bénéfice pratique, alors c'est une vérité, une assertion garantie, ou plus rien du tout puisqu'il n'y a pas de fait ni de vérité. On aimerait objecter toutefois qu'il y a des faits mesurables. Certes, on peut discuter pour savoir s'il y avait plus de ferveur à une investiture qu'à une autre et que cela dépend du ressenti, des points de vue, des phrases partagées, des profits communs à penser et affirmer cela. Toutefois, le nombre de participants n'est pas contestable, il peut être compté objectivement, indépendamment de savoir si le nombre décide de la ferveur! Ce fait comptable reste têtu, quelle que soit l'interprétation qu'on lui donne.

Au moins, la rigueur langagière de la philosophie analytique doit nous aider à comprendre ce qu'on entend par «fait» ou «vérité objective». Prenons l'exemple d'assertions fréquemment entendues pendant les campagnes électorales : 1 «L'immigration est une chance/L'immigration est un danger»; 2 «Un homme a été tué dans la rue/Un enfant a été sauvé sur un balcon»; 3 «La violence est de plus en plus répandue/Il y a beaucoup moins d'agressions qu'avant». La première est relative à une opinion, elle peut être partagée par un groupe humain selon des ressentis, des valeurs morales et des opinions politiques, lesquels peuvent conditionner son appréhension de la réalité. Ce ne sont pas des faits ni des vérités, mais des opinions et des croyances. La deuxième, en revanche, est une vérité factuelle. Il est vérifiable que des événements tels qu'un meurtre ou un sauvetage ont eu lieu et ont été établis. La troisième est une vérité statistique. Même si cette vérité est discutable, elle peut se fonder sur le nombre d'actes violents enregistrés. Bien que des arguties sociologiques conduisent à contester les statistiques considérées comme des approches quantitatives de la réalité auxquelles il faut opposer une «intelligence» du réel, ces données restent indispensables à l'établissement d'une vérité.

En refusant de maintenir ce type de distinctions et en abandonnant les notions de fait et de vérité, certains pragmatistes ont jeté le bébé avec l'eau du bain. Ils se sont débarrassés de la métaphysique, mais ils ont lâché le critère de vérité en même temps. Certes, on peut accepter qu'il n'y ait pas d'essence de la vérité. Cependant, réduire la vérité à une question de phrase et de concordance de sens au sein de la grammaire empêche de distinguer entre un fait vrai ou faux. En réduisant le vrai à la simple confirmation que l'on s'entend avec le même langage sur la définition d'une vérité du type «P est vrai si et seulement si», ces analystes en restent à un schéma logique, sans voir les implications d'une telle réduction sur la reconnaissance des faits. Pour déterminer si les chambres à gaz ont réellement existé, faut-il simplement s'entendre sur la logique des phrases ou peut-on encore faire appel au travail des historiens pour établir une vérité factuelle et historique?

Nous prenons aujourd'hui la mesure de ces débats théoriques dans le contexte des manipulations politiques et de la pratique exponentielle des *fake news.* De fait, elles sont la plupart du temps une affaire de langage. Elles jouent sur la manière d'entendre les mots et de contrefaire le réel en flattant la connivence de leurs publics. Elles flattent les bulles épistémiques en renforçant des croyances déconnectées du régime de vérification distinguant le vrai du faux. Pour les déjouer, il faut plus qu'une analyse logique, car la fonction dénotative du langage est concurrencée par la fonction connotative qui transforme les mots et les phrases en palimpseste de significations. Dans une phrase telle que «l'immigration est un danger», il y a beaucoup plus qu'une proposition de sens. Le contexte d'énonciation et les imaginaires sous-jacents en déterminent les effets de sens. La pluralité et la dissémination des sens et la puissance figurative du langage nous rappellent en effet qu'il faut toujours tenir compte des contextes sociaux et historiques. Une analyse sémiologique du langage est donc toujours nécessaire pour dégager les sens implicites des énonciations et les glissements qui faussent la formulation d'une vérité ou font passer d'autres vérités en contrebande. Un tel travail nous paraît indispensable afin de contenir le flot des *alternative facts.*

La disqualification du mot de vérité, à travers différents courants philosophiques, européens ou américains, a conduit bon an mal an à justifier le relativisme propice aux mensonges débridés. Il faut pourtant affirmer que des faits ont eu lieu, que des choses se sont passées, vérifiables par tous. Certes, ils ont pu se dérouler comme ci ou comme ça, ils peuvent être interprétés de diverses façons, mais ils ont eu lieu. Contester ce type de vérité, que ce soit par un nietzschéisme facile ou par un pragmatisme excessif, a ouvert les vannes du révision-nisme et de l'infox au point que plus rien n'est ni vrai, ni faux, ni vérifiable.

Il y a d'abord le mensonge

Comment légitimer de nouveau les notions de fait et de vérité ? Cette nécessité morale et politique passe-t-elle par un retour aux traditionnelles conceptions de la vérité rationnelle et universelle ? En France, une nostalgie s'est exprimée chez plusieurs penseurs et politiciens au point qu'une entreprise de restauration a été tentée, rassemblant des courants disparates – aux États-Unis, la *French Theory* était restée à la porte des départements de philosophie[54]. Le nietzschéisme dominant ayant fait son temps et ses principaux représentants ayant disparu, ceux qu'ils avaient éclipsés ont vu l'occasion d'une revanche. Philosophes platoniciens, kantiens ou analytiques ont entrepris de réhabiliter les concepts malmenés, tels que le sujet pensant et jugeant, l'éthique, le droit, l'autorité, le réel, la raison et la vérité. Profitant d'une réaction française à ce

---

54. À la mort de Derrida, la nécrologie du *New York Time* évoqua un « théoricien abscons », accueilli par les départements de littérature.

qu'il est convenu d'appeler le wokisme, ils s'en prennent aux études queers, décoloniales et plus généralement à tout ce qui vient de l'Amérique du Nord, dont ils prétendent qu'elle a été corrompue par la déconstruction de la raison universelle sous le nom de *French Theory*. Un colloque, organisé à la Sorbonne et introduit par le ministre de l'Éducation nationale, en 2022, affichait ainsi le cap d'une «reconstruction» sur les ruines laissées par ces théories critiques : «Après la déconstruction : reconstruire les sciences et la culture». Le souci légitime de dresser un bilan critique des cinquante dernières années s'y est souvent confondu avec un désir de revanche, et la post-déconstruction a davantage ressemblé à une volonté de retour à la pré-déconstruction.

Plus largement, ce sont les traditionnelles philosophies de la vérité qui reviennent au travers de plaidoyers divers. Avec Alain Badiou, le retour de la Vérité platonicienne doit contrer le nietzschéisme dont Bergson, les existentialistes et Deleuze seraient les incarnations. Sa théorie de l'événement fait de la vérité un processus qui s'exprime à travers les mathématiques, la poésie, la politique et l'amour. Chez ce penseur lacano-marxiste font ainsi retour le concept, l'essence, l'idée, le système, l'universel et la parole du maître, comme si la déconstruction n'avait pas dépisté les biais et soubassements de telles notions et pratiques de discours. Du côté des analytiques et de cette autre filiation philosophique issue du Cercle de Vienne et de la logique, la guerre est toujours déclarée contre les spiritualistes, littéraires et imposteurs que sont, selon eux, les penseurs de la déconstruction. Un de leurs combattants français, Pascal Engel, qui s'emploie à faire tomber les idoles philosophiques de cette mouvance, a trouvé un antidote en restaurant la figure de Julien Benda[55]. L'auteur de *La Trahison des clercs* qui dénonçait, en 1927, les engagements politiques des intellectuels, leur opposait une pratique de la raison désintéressée, universelle et sans affect. Le respect des valeurs absolues et intemporelles devait guider la pensée solitaire, loin des engagements partisans, et servir la vérité et la justice. L'anti-nietzschéisme sert ainsi à rhabiller les anciens rationalistes avec des habits neufs.

Cependant, la déconstruction a eu lieu, quoi qu'on pense de ses bénéfices et de ses dommages. Il est impossible d'oublier son travail sur les grands concepts issus de la métaphysique. Comment réfléchir sur le logos, le sens propre et le sens figuré, la métaphore, l'écriture, la mort et le deuil, l'amitié et la fraternité, les langues, l'animal, le pardon, l'hospitalité… sans tenir compte des analyses par Derrida sur leurs impensés, leurs implicites, leurs effets d'exclusion ? La généalogie des concepts nous a montré qu'ils ne sont jamais purs et que le sensible, le figuré, le métaphorique continuent d'œuvrer en eux. Les abstractions, loin d'être intemporelles et universelles, appartiennent aux paradigmes, aux épistémès, aux grammaires de leurs époques. Et même du côté de la philosophie

---

55. Pascal ENGEL, *Les Lois de l'esprit, Julien Benda ou la raison*, Éliott, 2023.

du langage prisée par les philosophes analytiques, il faut rappeler combien les concepts ne sont que des jeux de langage et que Wittgenstein n'y voit qu'une superposition de différentes définitions, de sorte qu'ils demeurent « flous », loin de la netteté logique que leur attribuent les rationalistes. L'après-déconstruction ne peut donc se résumer à une restauration de la Vérité, comme si, après quelques décennies délirantes, on sonnait la fin de la récréation et qu'on revenait au « bon sens ».

Le retour de la question de la vérité peut s'exercer par une critique de la déconstruction qui tient compte de ses acquis. Il en va de même avec la notion de « fait » qui ne saurait être reprise dans une acception strictement positiviste. Admettre que nombre de faits sont « construits » n'implique pas de les juger relatifs et sans objectivité[56]. Les journalistes qui s'emploient à les vérifier (*fact checking*) travaillent à la fois sur des données et sur des représentations. Les historiens ne cessent de recomposer les périodisations et de mettre en valeur des faits négligés. Cependant, ils n'inventent rien et se fondent sur des archives authentifiées. Les philosophes peuvent admettre que les faits soient construits sans appliquer le constructivisme

---

56. Comme le remarque la philosophe Géraldine MUHLMANN, à propos de cet argument de la nature construite des faits, « cela ne veut pas dire pour autant qu'ils ne sont pas des "faits" ; qu'ils n'ont pas en eux quelque chose de solide qui s'impose aux consciences capables de penser ce qu'ils signifient, et capables de penser, précisément, comment ils ont été construits », in *Pour les faits*, Les Belles Lettres, 2023, p. 122.

à tous les domaines du savoir[57]. Si les débats sont infinis à propos des interprétations et perspectives sur telle ou telle période historique, leur récit ne peut faire l'impasse sur l'existence de documents et le travail d'enquête. Il y a donc bien de la vérité sinon la Vérité, de l'objectivité sinon de l'absolu.

La demande de vérité, sous forme de nostalgie passéiste ou d'inquiétude politique, est à la hauteur du mensonge et de l'impossibilité de le dénoncer, du fait d'un relativisme généralisé. Une révolte soutient cette exigence du vrai et c'est précisément de là que surgissent la requête et le ressort de la vérité. De la sorte, nous pouvons affirmer qu'*il y a d'abord le mensonge* et ensuite la vérité. Cette formulation est paradoxale puisque le mensonge, logiquement, est le contraire de la vérité et n'existe que parce qu'il contredit ou contrefait la vérité. Il y aurait d'abord la vérité puis sa trahison par le mensonge. Cependant, le réel n'est ni vrai ni faux, il est, un point c'est tout. Qu'il puisse être perçu et pensé vrai ne va pas de soi. Il faut pour cela qu'un jugement se soit fait jour et que des distinctions entre le vrai et le faux, ou entre le réel et le non-réel, les faits et les fictions soient apparues.

---

57. Voir Paul Boghossian, *La peur du savoir : sur le relativisme et le constructivisme de la connaissance*, traduction Ophelia Deroy, Agone, 2009. Le philosophe analytique veut sauver la connaissance d'une extension abusive du constructivisme qui conduit à ne voir dans tous les faits, même naturels, que les produits de points de vue socioculturels.

Comment cette séparation du vrai et du faux émerge-t-elle dans une conscience ? Par la négation ou l'indignation : « Non, ceci est faux », « cela est un mensonge » sont les propositions qui impliquent une conscience ou un sentiment de vérité. Un fait qui n'était ni vrai ni faux, parce qu'il est nié ou falsifié devient vrai par le refus d'admettre une version contraire à ce qu'il est. Il était ce qu'il était, il n'avait pas besoin d'être authentifié ni vérifié et, par l'effet d'un mensonge, la conscience réclame qu'il soit déclaré vrai. L'indignation est ainsi un moteur et un vecteur puissant du désir de vérité. La résistance au mensonge, le scandale qu'il présente fait naître l'affirmation d'une vérité et l'exigence de l'établir, de la prouver. Nous pourrions dire du mensonge ce que Wittgenstein observe à propos de l'erreur, nécessaire au cheminement qui mène à la vérité : « Il faut commencer par l'erreur et lui substituer la vérité. C'est-à-dire qu'il faut découvrir la source de l'erreur, sans quoi entendre la vérité ne nous sert à rien. Elle ne peut pénétrer lorsque quelque chose d'autre occupe sa place. Pour persuader quelqu'un de la vérité, il ne suffit pas de constater la vérité, il faut trouver le chemin qui mène de l'erreur à la vérité »[58]. Avec le mensonge, c'est l'indignation, et pas seulement le constat logique d'une erreur, qui conduit à dénoncer le faux et à réclamer une vérité de fait.

---

58. Ludwig WITTGENSTEIN, *Remarques sur « Le Rameau d'or » de Frazer*, traduction Jean Lacoste, L'Âge d'Homme, 1982, p. 13.

À l'opposé du rationalisme qui croit en une vérité pure, logique, abstraite, insensible, dénuée d'affects, atemporelle et universelle, nous posons donc que la vérité se nourrit de sentiments et de désirs : le désir de connaître, de clarifier, de vérifier n'est pas seulement l'énergie extérieure à la connaissance du vrai, il lui est consubstantiel. Dans la passion même qui pousse à dénoncer le mensonge se trouve la possibilité d'établir la vérité et la volonté de la déclarer et de l'imposer à tous. Nous ne devons pas chercher à extraire tous les affects de la raison et du jugement, nous devrions plutôt départager les bons affects qui favorisent l'établissement du vrai. Cette raison désaffectée est un mythe. Observons plutôt comment se forge l'impératif de vérité à partir de quelques exemples.

Le modèle d'une telle exigence est la réaction de Zola face à l'affaire Dreyfus. Elle offre une configuration exemplaire : un mensonge d'État qui conduit à condamner un innocent, une mobilisation publique qui oppose deux versions des faits et des intellectuels qui s'engagent au nom de la vérité. La tribune de Zola dans le journal *L'Aurore*, « J'accuse », est restée emblématique du combat contre le mensonge et l'injustice. Il est toutefois instructif de comprendre au nom de quoi s'exerce cette accusation et comment s'est forgée la passion de l'écrivain pour la vérité. Il en va en effet davantage que d'une position circonstancielle, car toute une éthique du vrai, mêlant passion et raison, est à l'œuvre dans la démarche de Zola et elle nous donne à réfléchir sur ce qui peut la motiver et la sauver aujourd'hui. Au départ de son œuvre, c'est principalement le mensonge de l'idéologie conservatrice et libérale, selon laquelle la réussite sociale ou la misère ne relèvent que de la nature des individus, qui l'incite à adopter la démarche de l'enquête scientifique et sociologique. Sa référence majeure est la science, aussi bien en littérature qu'en politique. L'écrivain a trouvé chez le physiologiste Claude Bernard l'éloge de l'expérimentation et il ambitionne d'appliquer cette méthode à l'écriture de fiction. Rompant avec l'idée que la bonne littérature relève de l'imagination et de l'invention, il se fixe, dans *Le Roman expérimental*, l'objectif d'une enquête de terrain préparatoire à chacun de ses livres. Pour écrire son immense série romanesque, *Les Rougon-Macquart* – dont le sous-titre est « Histoire naturelle et sociale d'une famille sous le Second Empire » (1871-1893) –, il réunit une importante documentation sur les milieux sociaux de ses personnages et il lit de nombreuses études scientifiques, particulièrement les travaux sur l'hérédité. L'idéal des Lumières et de la Raison universelle est revisité à l'aune de la méthode expérimentale, qui souligne l'influence du milieu dans les dépravations morales et les inégalités sociales. Le dernier volume de sa série, *Le Docteur Pascal*, conclut la vingtaine de romans par la figure du médecin et de son fils tardif, « l'enfant de la vérité ».

Un an après, en 1894, le capitaine Dreyfus est condamné au bagne à perpétuité pour trahison. Cependant, Zola ne devine pas tout de suite qu'il s'agit d'une erreur judiciaire et d'un mensonge d'État. Ce n'est qu'après des années d'enquêtes menées notamment par le journaliste Bernard Lazard qu'il s'engage contre les puissances du faux. Après avoir écrit pour dénoncer l'antisémitisme qui s'est répandu en France à l'occasion de cette affaire, il réagit violemment à la deuxième injustice, l'acquittement du vrai coupable en 1898. Le texte de « J'accuse » s'en prend à tous les généraux et à leurs complices responsables de la machination, et Zola décrit l'émergence de la vérité comme le résultat du mensonge : plus le mensonge aura été puissant, plus la vérité sera explosive : « Quand on enferme la vérité sous terre, elle s'y amasse, elle y prend une force telle d'explosion, que, le jour où elle éclate, elle fait tout sauter avec elle », écrit-il. Son texte est un cri de vérité dont il assume les conséquences, sa condamnation à la prison et sa ruine financière. Exilé en Angleterre, il entreprend une réflexion plus générale sur les conditions et la nécessité de la vérité.

Beaucoup moins connus que les *Rougon-Macquart*, les derniers romans de Zola sont des évangiles républicains. L'un d'eux s'intitule *Vérité* et a été publié de façon posthume, en 1903. On y reconnaît le contexte de l'affaire Dreyfus. Un instituteur, Simon, juif assimilé, est accusé par la Congrégation catholique d'avoir violé et tué un élève. Zola, à travers lui, déjoue les clichés antisémites du juif riche et suceur du sang des enfants, et il oppose l'école laïque à l'Église, « l'empoisonneuse séculaire, régnant par le mensonge et la terreur ». Marc, un formateur de l'École Normale, révolté par la calomnie subie par Simon, entreprend de le défendre. Il transforme Simon en martyr et en saint de la vérité, laquelle triomphe à la fin avec l'aveu du vrai coupable. Prouver la vérité factuelle est le premier pas vers la vérité morale et sociale. Puis, prenant à revers l'apologie chrétienne, Zola montre la *passion* de ce jeune saint juif et laïc, dévoué à l'apostolat de la Vérité. Ce mot de passion doit être entendu non seulement au sens christique, mais aussi comme l'énergie indispensable à l'épiphanie de la vérité.

C'est le mensonge qui a déclenché la fureur contre l'injustice, peu à peu transformée en une ferveur à vouloir prouver le vrai. Ainsi, Zola décrit-il la réaction de Marc, son double, face à la vérité outragée : « Après l'avoir vue si furieusement combattue, niée, enfouie au plus profond du mensonge, ainsi qu'une morte qui ne se réveillerait pas, il croyait en elle davantage, il la sentait d'une façon irrésistible, capable de faire sauter le monde, le jour où l'on voudrait l'enfermer sous terre »[59]. L'écrivain, réaliste devenu lyrique, montre la conversion du sentiment de révolte en passion de la vérité qu'il faudra crier et enseigner : « Comment une pareille infamie avait-elle pu se commettre en France, dans cette France qui avait fait la grande Révolution, qu'il avait jusque-là regardée comme la libératrice, la justicière promise au monde ? [...] Puis, c'était

---

59. Émile Zola, *Vérité*, in *Œuvres complètes*, Nouveau Monde éditions, vol. 20, 2009, p. 303.

encore, dans sa passion de la vérité, dans son besoin de la conquérir, de l'imposer à tous, le malaise intolérable de voir ainsi triompher le mensonge, de ne pouvoir le combattre et le détruire en la criant tout haut, cette vérité tant cherchée ! »[60]

Cependant, Zola est conscient du fait que la Vérité est revendiquée passionnément par tous, même par les menteurs, et il veut contrecarrer les positions relativistes qui consisteraient à affirmer « à chacun sa vérité », passion contre passion. Il n'y a pas de place pour des « faits alternatifs » dans sa pensée et son combat. Il distingue alors les passions, selon qu'elles sont source de vérité ou d'aveuglement. Il sait, pourrions-nous dire en nous référant à Spinoza, qu'il y a des passions passives et des passions actives, et que la connaissance rationnelle des causes permet à la passion de participer à la compréhension du réel. Aussi, Zola assoit-il la passion de la vérité sur la raison, la logique et l'expérience, à l'inverse des « vérités révélées » de la religion. Issue de la révolte contre le mensonge, la passion doit être jugulée par la méthode et l'enquête afin d'établir une réalité vérifiable et des faits incontestables. L'Affaire Dreyfus a ainsi conduit Zola à construire une pensée de la vérité fondée sur la révolte contre le mensonge. La vérité scientifique lui a servi de modèle, puis il a défendu la vérité judiciaire et factuelle pour enfin développer une éthique sociale et politique de la vérité.

---

60. *Ibidem*, p. 97-98.

Écouter la vérité avec une troisième oreille

Ce cas d'école, l'Affaire Dreyfus et le combat de Zola, souligne combien la passion de la vérité se fonde sur la révolte face au mensonge. Cependant, la réflexion de l'écrivain engagé conduit à interroger la passion elle-même, sa nature et ses modes d'expression. Si elle est nécessaire à la recherche de la vérité, elle peut aussi contenir des affects qui débordent le souci du vrai pour assouvir des désirs étrangers à l'enquête sur les faits. La vérité est parfois le nom d'un fantasme par lequel s'expriment des fuites dans l'irréel, des tentations mystiques, des pulsions meurtrières. La religion de la vérité peut conduire à dépasser l'objectif d'établir les faits, et Zola lui-même, en laïcisant la foi des Évangiles, n'échappe pas à ce danger. Parmi les dreyfusards, Péguy a ainsi orienté la lutte pour le vrai vers une lecture mystique de l'Affaire, au-delà du cas judiciaire et de la manipulation politique. Dans le premier des *Cahiers de la Quinzaine*, en 1900, il affiche l'intention de «dire la vérité, toute la vérité, rien que la vérité, dire bêtement la vérité bête, ennuyeusement la vérité ennuyeuse, tristement la vérité triste »[61]. Péguy explique combien le travail d'enquête sur la vérité de l'Affaire Dreyfus l'a mené sur le terrain de *La* vérité. Quand on la sait, il faut la crier, disait Zola, il faut la gueuler, surenchérit Péguy qui se fait journaliste d'information, soucieux de renseigner et de documenter la réalité. Cependant, une dizaine d'années plus tard, dans *Notre Jeunesse*, la vérité judiciaire est intégrée dans une vision mystique de l'histoire humaine. L'événement est devenu un avènement : « il faut donc le dire, et le dire avec solennité : l'affaire Dreyfus fut une affaire élue. Elle fut une crise éminente dans trois histoires elles-mêmes éminentes. Elle fut une crise éminente dans l'histoire d'Israël. Elle fut une crise éminente, évidemment, dans l'histoire de France. Elle fut surtout une crise éminente, et cette dignité apparaîtra de plus en plus, elle fut surtout une crise éminente dans l'histoire de la chrétienté »[62]. Ce sont trois temporalités qui se rencontrent à un moment donné de l'histoire. Selon cette vision mystique, la vérité de Dreyfus est le chiffre d'une révélation qui s'est manifestée par une communauté de croyants, unis par la fidélité, l'honneur et la foi. Pour les Juifs, les Français et les Catholiques, un moment révélateur a eu lieu et a modifié leur relation au réel et au temps. Comme un alignement des planètes, cette constellation nationale et religieuse a donné une dimension épiphanique à l'Affaire. La

______

61. Charles Péguy, *Cahiers de la Quinzaine*, in *Œuvres en prose complètes*. I. Bibliothèque de la Pléiade. Gallimard, 1987, p. 292-293.
62. *Ibid.*, vol. III, p. 40.

Vérité devient ainsi le nom d'autre chose que la vérification des faits : un idéal, un mot, un fétiche, un fantasme ?

« Crier » ou « gueuler » la vérité ne signifie pas qu'on la détienne ni qu'on puisse la faire admettre par tous. Il faut donc départager les passions selon qu'elles servent la vérité ou obéissent à des aspirations exogènes. Le mot de vérité peut en effet relever de significations et d'impulsions très différentes. Une écoute singulière est nécessaire pour percevoir ces distorsions et dissonances. Comme Nietzsche le suggérait en utilisant le diapason à la manière d'un marteau qu'il faisait résonner sur les concepts, c'est en décelant les intérêts cachés que l'on comprend l'investissement de tel ou tel philosophe dans un système intellectuel. J'ai suggéré d'appeler troisième oreille cette disposition de lecture et d'écoute pour suspendre le sens premier et entendre ce qui se joue dans la nomination, la proclamation, la répétition, la focalisation, la généralisation d'une notion abstraite[63]. À chaque occurrence de la Vérité, nous devrions nous demander : pourquoi cette insistance, pourquoi tant d'affects et quels types d'affects ? Aimer, vouloir, désirer la vérité, vivre pour la vérité sont des passions que nous devons interroger, à plusieurs niveaux de sens. Les amants de la vérité entretiennent une relation passionnelle qu'ils exercent selon tant de conduites qu'il serait possible de dessiner une figurologie de cette passion. Le langage, beaucoup plus qu'un

---

63. Voir *Penser avec les oreilles*, Max Milo, 2019.

mode d'expression, est le tissu dans lequel s'entrelacent des figures et des pulsions. En lui, la passion, mêlant la passivité – son sens étymologique – à l'activité qui accompagne son transport, décline des scènes de genre. L'énoncé performatif du serment est la plus célèbre : « je jure de dire la vérité, toute la vérité, rien que la vérité ». Si les procédures de vérité peuvent être cataloguées selon leur domaine d'application, il est aussi possible d'observer les régimes de vérité selon leur teneur d'affects. Leur intensité s'exprime dans des figures telles que la dévotion, la grandiloquence, la vengeance, l'absolu, le martyre ou le tragique.

Lorsque la vérité n'est pas le résultat d'une enquête et qu'elle procède d'une « révélation » mystique ou journalistique, lorsque sa déclaration s'exerce selon une performance publique et spectaculaire, alors elle ne répond plus au seul souci des faits et d'une information sur le réel. La vérité, dans sa version mythique, arrive depuis un monde caché, ténébreux et brusquement elle jaillit et emporte tous les sentiments sur son passage, révélant le sens des choses, venu du ciel ou des affaires terrestres, éclairant les esprits désormais illuminés. Elle est alors débordée par un processus qui l'entraîne sur un terrain psychique éloigné de l'analyse objective. Ainsi en va-t-il de toute « déclaration » d'une vérité qui, par définition, rend les choses « claires » et dont l'effet provoque une émotion partagée. La déclaration d'amour, qu'il s'agisse de l'engagement pour l'être aimé ou de la grâce qui a provoqué une conversion religieuse, est un moment de vérité spectaculaire. Selon cette mythologie du secret révélé, la vérité advient telle une délivrance, une maïeutique platonicienne qui rend transparents un sentiment intime ou une idée métaphysique. Pasolini a incarné la puissance de cette vérité révélatrice avec un film provocateur en 1968, *Théorème* : un visiteur arrive dans une famille de la grande bourgeoisie milanaise et, petit à petit, il exerce une séduction irrésistible sur chaque membre de la maisonnée, la pieuse servante, le fils et la fille, la mère frustrée et le père industriel qui finit par céder son usine aux ouvriers. L'étranger a des relations sexuelles avec chacun, leur faisant découvrir le don de soi et l'amour du prochain. La vérité du Christ s'impose ainsi, par la révélation de l'amour désintéressé. Elle a magnétisé et transformé les uns et les autres, découvrant le message chrétien, à la fois terrestre et supranaturel.

Cette figure réversible, l'amour de la vérité qui est aussi la vérité de l'amour, ne concerne pas seulement les vérités d'ordre métaphysique. Elle persiste dans la révélation des faits ordinaires, qu'il s'agisse des secrets de la vie privée de personnes célèbres ou de scandales politiques. La ferveur qui les accueille indique une surcharge affective de l'information. Là encore, plus la vérité semble avoir été réprimée, plus elle éclate avec force. Cependant, cette vérité est moins le résultat d'une recherche personnelle menée par un investigateur qu'un spectacle qui dévoile une réalité honteuse. La quête de la vérité est alors intransitive, car elle vise moins à documenter le réel qu'à éprouver une émotion heuristique, celle de découvrir que le monde est agi par des puissances maléfiques, confirmant un sentiment intime d'impuissance. Assurément, ce type de révélation est ambivalent, car, d'un côté, elle apporte une information sur le réel et, de l'autre, elle attire des passions tristes. Deux exemples en témoignent : la récente figure du « lanceur d'alerte » qui, tel un journaliste d'enquête, met à la disposition de tous des documents confidentiels – activités financières illicites, renseignements militaires, secrets industriels – pour le bien public. La sympathie générale suscitée par quelques personnalités telles que Julian Assange ou Edward Snowden tient en effet à ce qu'ils ont « révélé » des pratiques illégales et criminelles que les militaires américains avaient cachées. Cependant, le piratage de milliers de courriers du Parti démocrate au moment de l'élection présidentielle qui a vu la victoire de Trump semble d'une moindre légitimité et relève davantage des pratiques de *hackers*, utilisées aux fins les plus diverses. Le fait que des documents publiés soient des « révélations » ne donne pas un blanc-seing à ces pratiques qui dépendent des buts recherchés et des intérêts politiques et financiers qu'elles servent. Le contexte et les conséquences de ces « fuites » ou vols de documents déterminent leur véritable apport au bien commun, au-delà de l'adhésion émotionnelle que suscite la découverte de certaines « vérités ».

Le deuxième exemple de cette performance qui attire les forces émotionnelles autour de révélations est la mise en scène de l'aveu public telle que les médias américains la pratiquent avec des personnalités publiques repenties. Ces déclarations ont la forme d'une confession religieuse par laquelle une célébrité demande qu'on l'excuse pour une mauvaise conduite. Quand le repentir vient d'un responsable politique, l'aveu provoque une catharsis grâce à laquelle le peuple se purge des mauvaises passions qui sont en lui et qu'il expulse en condamnant le pécheur pénitent. La confession de Bill Clinton, en 1998, reste un modèle du genre, lorsque le président américain admit des relations «inappropriées» avec sa stagiaire Monica Lewinsky. Après le mensonge par déni, le moment de vérité sur sa vie privée se transforma en une purification nationale. Donnant le ton d'un rituel qui sera ensuite repris à de nombreuses occasions, cette révélation confond le politique et le religieux au nom d'un idéal de la transparence. La psychanalyse y déchiffre plutôt une jouissance projective par laquelle ceux qui condamnent peuvent d'autant mieux assumer, sous forme de dénégation, les pulsions qui sont en eux. Le spectacle qui leur est offert relève d'une pornographie de la vérité.

Avoir conscience de ces usages pervers de la vérité ne signifie pas qu'il faille douter d'elle par principe. Il importe d'entendre ce qui, en elle et dans son invocation, peut détourner l'enquête sur le vrai vers des passions obscures. Lutter contre les fausses vérités ne peut se faire au nom de la raison dépassionnée, car l'allégation d'une neutralité désaffectée du raisonnement est un signe d'illusion et d'aveuglement. Si l'objectif d'atteindre le vrai selon les lois de la raison est nécessaire, la motivation qui le soutient ne doit pas être ignorée. C'est en elle que gisent les chances d'y accéder et les risques de l'oublier. C'est pourquoi écouter la revendication de la Vérité avec une troisième oreille permet de déceler le contenu passionnel des pensées qui s'autorisent d'elle. Ainsi les philosophes, comme tous les usagers des discours abstraits, ne sauraient échapper à une mise sur écoute des ressorts psychiques au cœur de leurs pensées. Nietzsche, et avant lui Sextus Empiricus, Diogène Laërce et les moralistes français du XVIIe siècle ont analysé la psychologie de la vérité qui anime nombre de penseurs. Et si le danger du scepticisme et du relativisme court dans la reprise simpliste de leurs critiques, il est impossible d'en ignorer les analyses éclairantes. Lorsque Nietzsche déclare que toute philosophie est la biographie de son auteur, il ne réduit pas la psychologie à une explication de l'œuvre par la vie, mais il enquête sur les intérêts et les forces en jeu dans le recours au langage abstrait.

Pourquoi les métaphysiciens ont-ils tant besoin d'affirmer des arrière-mondes ? Pour quels motifs veulent-ils convaincre de l'insignifiance du réel ? Que cherchent-ils en survalorisant des concepts ? La plupart des philosophes se leurrent sur la nature non sensible des abstractions, supposées être universelles et atemporelles. Ils nient l'énergie libidinale qui anime les productions intellectuelles. Cette attaque de Nietzsche, particulièrement contre Socrate, celui qui a fait de la philosophie une recherche de la Vérité et une pratique des concepts, n'est pas une disqualification de l'activité philosophique. Elle est au contraire une écoute des passions qui l'alimentent aux fins de distinguer entre les bonnes et les mauvaises, celles qui promeuvent la vie ou celles qui la diminuent. Si le moment nietzschéen de la philosophie française a conduit à un discrédit de la vérité, la lecture de Nietzsche demeure aujourd'hui essentielle pour comprendre ce qui agit dans la pensée et, à partir de son substrat passionnel, pour réinvestir la question de la vérité.

Reconnaître la part psychique et affective de la pensée n'aboutit pas à la considérer subjective et relative. Au contraire, cette écoute avec une troisième oreille vise à distinguer ce qui relève d'une véritable analyse du réel ou ce qui porte vers les vapeurs de la religion. Ainsi Freud, dans sa conférence « Sur une vision du monde »[64], déplore-t-il le gâchis d'intelligence de la philosophie qui, à la différence des sciences humaines portées vers l'expérience et l'étude du réel ordinaire, celui de la maladie psychique ou des maux de la société, se transporte vers les abstractions comme des croyants animistes qui veulent donner un sens à toute chose dans le monde. À l'inverse, la psychanalyse prend modèle sur la science, elle admet ses limites, elle se soumet à la preuve, à l'expérience, à la vérification. Elle distingue les illusions, mêmes créatrices, de la science. La

---

64. FREUD, « Sur une *Weltanschauung* », in *Nouvelles conférences d'introduction à la psychanalyse*, traduction Rose-Marie Zeitling, Gallimard, 1984.

philosophie, elle, surestime le pouvoir des mots. Elle confond le psychisme humain et la réalité en promouvant l'autocratie du soi et la toute-puissance des idées. Le philosophe décide du sens des choses, alors que le scientifique reconnaît humblement ses limites devant la complexité du monde. Mais, pour le philosophe, le monde est tel qu'il se reflète dans son cerveau. Freud voit dans ce narcissisme foncier un surinvestissement de la libido sur le Moi, et non sur l'extérieur. Le philosophe se fie à l'introspection, persuadé d'une transparence des concepts, alors qu'il s'illusionne sur l'omniscience de sa conscience, ce qui le porte à la paranoïa. Que cette critique freudienne de la philosophie soit justifiée ou non, ce qui importe ici repose sur deux constats : le premier confirme que toute activité de pensée, fût-elle orientée vers la raison la plus abstraite, est toujours soutenue par un substrat psychique, des affects, des désirs conscients ou non, une libido narcissique ou non. Le deuxième est capital et consiste à dire que la nature libidinale de la pensée ne conduit pas à disqualifier son potentiel de vérité. Freud, à la fin de sa conférence, dénonce le relativisme, qu'il repère dans l'anarchisme et le nihilisme qui nient la possibilité d'une vérité invariante, objective et universelle, à laquelle tient l'inventeur de la psychanalyse.

La religion de la Vérité est l'ennemie de la vérité. Freud se méfie de toutes les explications transcendantes qui donnent la clef du monde. La croyance en une vérité du temps, telle la dialectique hégélienne ou marxiste, n'est qu'une représentation de l'esprit poursuivant les fictions théologiques. Dès que le mot de vérité participe d'un idéal abstrait, il décroche de l'enquête rigoureuse sur le vrai, celui qui est vérifiable et fondé sur des faits. Il devient un fétiche : la réalité qu'il désigne est à la fois annihilée et magnifiée. C'est précisément sa magnification qui tue le réel. Le mot fonctionne indépendamment de sa référence factuelle, il s'inscrit dans un discours autoréférencé qui se justifie lui-même sans avoir à être prouvé autrement que par d'autres mots. Ainsi vont les vérités idéales, gonflées par une énergie discursive, à l'opposé des vérités factuelles et vérifiables. Ce fétichisme fut souligné par Theodor Adorno qui désigne ces abstractions incantatoires comme des «mots-vedettes»[65] qui font rayonner des expressions ou des phrases, dont les auteurs et les lecteurs ont perdu toute relation au réel de référence. Ces mots ont des effets hallucinogènes qui favorisent leur diffusion et les élans de sympathie et de croyance qu'ils suscitent. Les transports psychiques que provoque la «lumière de la vérité» permettent de construire un monde parallèle et plein où tout a un sens, ce qui conduit à la paranoïa : le croyant de la «vérité» transforme le monde en serrure parce qu'il a trouvé une clef.

Un exemple récent de délire paranoïaque donne à voir ce fonctionnement autocentré de la vérité théorique. Depuis la fin du xxᵉ siècle, le philosophe Giorgio Agamben a développé

---

65. « *Stichworte* ». Voir ADORNO, *Le Jargon de l'authenticité*, traduction Éliane Escoubas, Payot, 1989, 2009. Le concept « unit l'apparence d'un concret absent avec l'ennoblissement de ce concret », p. 119.

et décliné par concepts une théorie de « l'état d'exception » qui serait à la base du gouvernement des États modernes. De Hitler à Guantanamo, explique-t-il, les mesures d'exception sont devenues la règle pour imposer, en démocratie, un pouvoir absolu. Lorsque la pandémie de covid-19 s'est propagée dans le monde entier et que des mesures sanitaires ont été promulguées pour juguler la contagion, Agamben, en 2020, y a tout de suite vu l'illustration de sa théorie[66] : l'épidémie n'était qu'une invention des États pour mettre en place des mesures sécuritaires et tester des moyens gigantesques de contrôle des populations. Il prophétisa la fin des contacts directs entre les humains et une société muselée par les technologies de contrôle. Le discours paranoïde du philosophe plia ainsi la réalité à la clef qu'il avait forgée, et peu importe que l'Organisation mondiale de la santé chiffre à quinze millions le bilan des morts, la thèse reste valide en dépit des faits documentés qu'elle méprise et annihile. Elle rejoint, dans sa manière de réquisitionner des éléments partiels du réel pour confirmer sa « vérité », les discours complotistes qui ont parlé d'une grippette que des pouvoirs politiques ou pharmaceutiques auraient exagérée par stratégie. Un tel discours confirme que lorsque la Vérité n'est fondée que sur une construction mentale et des mots fétiches qui la représentent, elle nourrit les délires paranoïaques.

---

66. https://www.lemonde.fr/idees/article/2020/03/24/giorgio-agamben-l-epidemie-montre-clairement-que-l-etat-d-exception-est-devenu-la-condition-normale_6034245_3232.html

La toute-puissance de la vérité théorique remplit assurément une fonction psychique. Son déni de la vérité factuelle participe d'une relation fantasmatique au réel, qui en élimine les facteurs angoissants. La peur de la mort joue un rôle fort dans cette mise à l'écart des réalités insupportables et leur remplacement par une thèse générale sur le monde. Les philosophes existentialistes ont observé cette dimension hypnotique de la théorie totalisante et lui ont opposé une approche du réel ordinaire. Simone de Beauvoir raconte ainsi comment l'apprentissage de la métaphysique hégélienne, pendant la guerre, lui permettait de vaincre l'angoisse de la mort. Cependant, elle délaissa la fuite intellectuelle dans les vérités abstraites pour comprendre le monde tel qu'il est et découvrir les vérités de l'existence vécue : « Je me souviens d'avoir éprouvé un grand apaisement à lire Hegel dans le cadre impersonnel de la Bibliothèque Nationale, en août 1940. Mais dès que je me retrouvais dans la rue, dans ma vie, hors du système, sous un vrai ciel, le système ne me servait plus de rien : c'était, sous couleur d'infini, les consolations de la mort qu'il m'avait offertes ; et je souhaitais encore vivre au milieu d'hommes vivants. Je pense qu'inversement l'existentialisme ne propose pas au lecteur les consolations d'une évasion abstraite : l'existentialisme ne propose aucune évasion. C'est au contraire dans la vérité de la vie que sa morale s'éprouve »[67]. Que la philo-

---

67. Simone DE BEAUVOIR, *Pour une Morale de l'ambiguïté*, Gallimard, 1947, p. 221-222.

sophe ait apprécié à sa juste valeur la réalité de son temps, qu'elle ait résisté ou non à l'occupation allemande, ce sont d'autres questions. Elle souligne en tout cas un rôle psychique de l'activité philosophique et de ses abstractions qui éloignent de la vérité existentielle.

Si les vérités métaphysiques consolent de la mort absurde, elles peuvent aussi conduire à mourir pour elles lorsque la foi substitue au réel une réalité seconde. La mort devient ce qui donne sens et témoigne d'une vérité supérieure. Un tel renversement repose sur l'illumination et le déni : les thèses généralisantes sauvent le monde de ce qui le rend angoissant et des situations les plus insoutenables. La Vérité supérieure entre alors en concurrence avec une réalité à laquelle elle substitue ses lois. Au nom d'une pseudoréalité transcendante – ciel des idées, monde supralunaire, Dieu, supramonde… –, les croyants sont prêts à rejoindre cet au-delà au prix de leur vie. Des figures légendaires témoignent ainsi d'une passion de la Vérité qui les a conduites à mourir afin qu'elle soit transmise ou révélée. Socrate, en choisissant de mourir, offre une dernière leçon à ses disciples et donne en spectacle l'agonie de son corps, les invitant à n'y voir qu'une enveloppe qui se rétracte au moment où l'âme se libère. Du côté de la religion, la Passion du Christ témoigne d'un don de soi qui donne à contempler la Vérité de Dieu dans la mort du crucifié. Les martyrs chrétiens qui l'ont suivi sont aussi «morts pour la vérité». Ces figures célèbres ont offert une image édifiante du sacrifice et de la fidélité à une Vérité supérieure au réel. De telles vérités, métaphysiques et religieuses, relèvent de l'absolu et de l'effacement du réel dont il ne reste que des traces, transformées en chiffres d'un message qui les subsume.

Cette passion de la Vérité dit bien autre chose que la recherche patiente et rigoureuse des vérités du réel. Une telle différence nous amène à distinguer entre les « passions de la vérité ». Il y a celles qui emportent l'esprit dans un monde alternatif, vécues selon une passivité active, c'est-à-dire éprouvées comme une illumination qui éclaire le sens de toutes les choses. Elles relèvent de la foi, quand bien même elles se revendiquent de la raison. Leur croyance peut mener au délire interprétatif et au fanatisme, faisant du suicide un acte martyr. Cette passion-là détient le plus grand prestige, affichant son absolue confiance, contrairement à une recherche patiente, opiniâtre et sans assurance de ce qu'elle va trouver. Elle se passe de tout conditionnement factuel et s'autodéclare sans avoir besoin de tiers qui l'autorisent. Elle se pare de vertus morales, comme en témoigne les expressions qui lui sont associées : « la force de la vérité », « le courage de la vérité », « le devoir de vérité », « être fidèle à la vérité », « mourir pour la vérité », « la vérité nue et entière »… La vérité proférée est une et indivisible. Face au mensonge pluriel, qui prend mille tours et facettes – mensonge par omission, demi-mensonge, mensonge intentionnel et trompeur… –, la vérité est absolue. Répondant au désir de plénitude ou à la nostalgie d'un monde plein et homogène, la vérité remplit la fonction d'un objet idéal.

L'autre passion de la vérité factuelle est plus humble bien qu'elle puisse être acharnée. Elle est animée par le désir de connaître le réel, de le comprendre pour ce qu'il est, sans chercher à l'intégrer dans une théorie générale. Elle recherche l'éclaircissement plus que la révélation, la lumière plus que l'illumination. L'enquête et l'expérience du réel sont ses principes de base. Déterminer si Dreyfus est coupable ou innocent a nécessité une extraordinaire ténacité pour trouver les preuves et démonter une machination. Interpréter l'Affaire comme la révélation d'un moment de l'Histoire juive, chrétienne ou française relève d'une autre conception de la vérité. À propos d'un même événement et avec l'intention commune d'établir la vérité, les passions peuvent différer nettement. La passion jugulée par d'autres principes qu'elle-même, tel le souci de rigueur et d'exactitude, reconnaît que certaines vérités complexes appellent des nuances et ne se disent pas toujours d'un seul bloc.

La passion qui soutient la recherche de vérité n'est pas le souhait de recevoir, mais plutôt la volonté de « *faire* la vérité ». Plus active que celle qui transporte les âmes, elle est animée par un esprit d'examen. Elle ne se confond pas avec l'objet désiré, elle ne se projette pas dans l'idéal. Cette passion du vrai est désenchantée, sans les séductions et l'affirmation libidinale du possesseur de vérité. Elle admet la division, la nuance et la contradiction. La pluralité de ses vérités n'implique pas le relativisme du « à chacun sa vérité ». Elle indique seulement qu'une même vérité peut se présenter de plusieurs manières, selon les circonstances. On peut donc distinguer sinon deux passions, du moins deux configurations passionnelles parmi les amoureux de la vérité : d'un côté, la foi dans la Vérité absolue, de l'autre, le désir de connaître en suivant des règles. La première est morale par nature et intention, la deuxième n'est jaugée que par ses résultats. L'une est glorieuse, l'autre est laborieuse.

Politiques de la vérité

La passion de la vérité relève du psychisme, mais aussi d'une politique et, là encore, il faut distinguer entre les deux types de passion. L'expression «vouloir toute la vérité» peut s'entendre de deux manières : dans sa version absolutiste, elle signifie imposer une vérité totale et illimitée à une société; dans sa version factuelle, elle restreint son investigation à un cas donné, à un champ limité sans extension généralisante. En politique, la première passion ne connaît pas la division ni le compromis, elle veut tout. Sur le mode du « rien que la vérité, toute la vérité, je le jure», elle repose sur une foi et se signe par un serment. Le passionné de la vérité s'engage devant une instance tierce – Dieu, la Bible – ou, lorsqu'il n'y a pas de tiers transcendant, il promet de rester fidèle au moment heuristique et fondateur, lorsque la Vérité s'est déclarée. La passion devient totalitaire lorsqu'elle est prosélyte et veut plier tous les esprits, et plus généralement le réel, à sa loi. Ne connaissant pas les demi-mesures ni les compromis, elle traite en ennemis ceux qui ne partagent pas sa vérité. Il n'y a pas de « oui, mais » ou de « non, mais » pour ces illuminés qui ont reçu la révélation, que ce soit par la raison ou dans l'action.

La fidélité à cette vérité implique la mort des infidèles. La fameuse expression « Fraternité ou la mort » qui marque l'orientation de la Révolution française vers la Terreur, en 1793, souligne combien la foi révolutionnaire construit une famille sur le partage de sa vérité et qu'elle vise à éliminer ceux qui n'en sont pas. Les frères de la vérité seront d'autant plus fraternels en soudant leur union par le meurtre des faux frères. Ainsi, la fidélité au serment inaugural d'une nouvelle humanité se prolonge-t-elle dans une passion meurtrière au nom de la vérité. Elle se décline par des entités abstraites, hypostases et principes premiers tels que liberté, égalité, peuple, révolution, être suprême. Cette vérité nourrie d'abstractions a décroché du réel et la parole révolutionnaire en maintient la puissance hallucinatoire par la pulsion de mort qui épuise la réalité récalcitrante. Robespierre en énonce la rhétorique dans son discours sur les « principes de morale politique qui doivent guider la Convention », en 1794 : « Il faut prendre de loin ses précautions pour remettre les destinées de la liberté dans les mains de la vérité qui est éternelle, plus que dans celles des hommes qui passent, de manière que si le gouvernement oublie les intérêts du peuple, ou qu'il retombe entre les mains des hommes corrompus, selon le cours naturel des choses, la lumière des principes reconnus éclaire ses trahisons, et que toute faction nouvelle trouve la mort dans la seule pensée du crime »[68]. Il n'y a plus besoin des êtres humains pour assurer le règne de la vérité, d'autant qu'ils sont imparfaits par nature. Ceux qui ont reçu la lumière et sont restés ses serviteurs sauront tuer tous les autres, ennemis par ce seul principe qu'ils auront introduit de la division dans la communauté assermentée de la Révolution.

La passion de la vérité qui se manifeste ici correspond à ce désir du « tout » qui conduit à l'assassinat du réel, à travers la mise à mort de ses composantes humaines et imparfaites. Robespierre est lui-même guillotiné quelques mois après ce discours et l'élimination des factions qu'il dénonçait. Il fut victime de ce que Sartre, analysant la Révolution française, nomma la « fraternité-terreur »[69]. Pour réactiver la fidélité au serment, il faut inventer une menace à l'intérieur de la fratrie et désigner des traîtres. Tel est le processus de la vérité fusionnelle qui doit se régénérer par une mobilisation permanente et autodévoratrice. Contre cette vérité endogène, absolue et totalitaire, il est nécessaire de rappeler la vérité objective et vérifiable par les faits. Sans cette dernière, aucune communication n'est garantie. Elle est opératoire dans les moindres faits de la vie ordinaire, avec de multiples opérations de vérification qui permettent l'accord sur les principes externes aux individus. Cet accord sur l'exactitude d'un fait garantit un langage

---

68. *Robespierre entre vertu et terreur*, choix de discours, Stock, 2008, p. 223.
69. Voir Sartre, *Critique de la raison dialectique. Théorie des ensembles pratiques*, Gallimard, 1960.

commun, tandis que le recours à une vérité supérieure et à des principes abstraits demeure incontrôlable et invérifiable.

Cette évidence de la vérité objective ne peut faire oublier qu'elle est menacée, particulièrement dans les sociétés totalitaires. George Orwell a montré que la défense des faits vérifiables est non seulement un enjeu philosophique majeur, mais aussi politique. Attaquer cette notion de vérité commune et ordinaire ouvre la voie à tous les mensonges, non seulement par les hommes de pouvoir, mais aussi par les idéologues et philosophes qui appuient cette disqualification de la vérité, prétextant que tout est construit[70]. Dans une de ses chroniques, Orwell écrit : « Le concept de vérité objective est celui de quelque chose qui existe en dehors de nous, quelque chose qui est à découvrir, et non quelque chose qu'on peut fabriquer selon les besoins du moment. Ce qu'il y a de vraiment effrayant dans le totalitarisme, ce n'est pas qu'il commette des atrocités, mais qu'il s'attaque à ce concept. Le sentiment que celui-ci est en voie de disparaître du monde m'effraie bien plus que les bombes »[71]. La vérité ne saurait se réduire à une construction produite par des intérêts particuliers ni à une perception subjective de la réalité. Elle est garantie par une instance tierce qui, au-delà des points de vue relatifs, peut mettre d'accord

---

70. Voir James CONANT, *Orwell ou le pouvoir de la vérité*, traduction et préface Jean-Jacques Rosat, Agone, 2012.

71. George ORWELL, *À ma guise*, trad. Frédéric Cotton et Bernard Hoepffner, Agone, 2008, p. 81.

tous les êtres de raison. Cette objectivité est le rempart à la déformation de la réalité et aux manipulations politiques.

Dans le roman dystopique *1984*, inspiré par le communisme stalinien, le régime totalitaire imaginé par Orwell a institué un ministère de la Vérité. On supposerait un organisme diffusant des mensonges, mais le romancier a compris qu'un nouveau cap a été atteint, au-delà des traditionnelles contre-vérités politiques. C'est la distinction entre vérité et mensonge qui est remise en question. Le Parti au pouvoir a décidé que « tout peut être vrai » et que, par conséquent, tout peut être nié et annulé, même ce qui paraissait établi fermement. Dès lors, le négationnisme et le révisionnisme vont bon train, et le Commissariat aux Archives réécrit l'Histoire, change le passé selon ce qui lui convient pour légitimer l'autorité de l'État. Ce relativisme qui pourrait logiquement laisser libre cours à tous les points de vue est en fait ce qui installe une vérité unique décidée par un pouvoir assumant son arbitraire. Il suffit de transformer le langage (*Newspeak*) pour que les mots perdent leur sens et signifient le contraire de ce qu'ils désignaient auparavant, la vérité devenant le mensonge et vice versa. Orwell a ainsi pensé la grammaire de cette Vérité à la fois absolue et relative : absolue et totale, car elle n'accepte aucune contradiction ; relative, car elle dépend entièrement d'un point de vue dominant qui a toujours raison, celui du dictateur Big Brother. Toute dissidence, toute « faction », comme disait Robespierre, mérite la mort sous le chef d'accusation d'un « crime par la pensée » (*Thoughtcrime*). La Vérité est pleine et entière, pure positivité, sans nuances ni contradiction, tout en étant relative, par principe, à la voix du pouvoir.

Orwell a bien compris que les totalitarismes sont une affaire de passion et qu'ils mettent en place une politique des affects, garante d'un soutien perpétuel du peuple. Il faut une religion de l'État et pas seulement une administration coercitive. L'amour de la Vérité instituée se nourrit de son envers, la colère contre les ennemis. Une semaine de la haine est régulièrement organisée au sein de la société, et permet de renforcer la communauté par le lynchage des boucs émissaires. La mobilisation des affects doit être constante, et le régime encourage la paranoïa en faisant croire à une guerre et à une menace permanente. La passion de la Vérité totalitaire est entretenue en éliminant tous les milieux affectifs parallèles tels que la famille qui, à l'instar de la Cité idéale de Platon, doivent disparaître pour que les pensées et les sentiments des citoyens ne soient dévoués qu'à l'État.

Les penseurs antitotalitaires ont ainsi montré que l'hypostase de la vérité est une passion meurtrière qui tue la vérité objective. En utilisant le même mot, elle l'irréalise pour le décrocher de ses références ordinaires et factuelles, et en faire un leurre, capteur d'affects qui se cristallisent sur l'objet d'amour et de haine. La réquisition totale des cœurs et des esprits au nom du Tout-politique a été analysée par Arendt comme un des marqueurs du totalitarisme qui supprime les domaines risquant d'échapper à la Vérité politique, quel que soit le nom révolutionnaire qu'on lui donne. À l'inverse, l'autre passion de la vérité que ces penseurs défendent s'est nourrie de la dénonciation du mensonge et de ses forces pernicieuses. Le combat qu'ils ont mené a mis au jour les techniques de manipulation et l'utilisation systémique des contrevérités. Au lieu de prêcher pour une autre idéologie, ils ont enquêté sur les ressorts du mensonge politique dans ses formes les plus sournoises. C'est donc une autre vérité – et un autre rapport à la vérité – que ces penseurs soutiennent, à la fois dans sa définition, ses limites et son application politique. Sous-estimées en leur temps, à cause de la suprématie intellectuelle d'un marxisme orthodoxe en Europe de l'Ouest, leurs analyses sont inspirantes aujourd'hui. Parmi elles, les réflexions de Camus sur la vérité donnent à entendre une voix résistante qui propose une conception à la fois humble et véhémente.

Le plaidoyer pour la vérité objective passe par une analyse de la passion totalitaire, de ses mensonges tactiques et idéologiques. « On entre en mensonge et en violence comme on entre en religion, et du même mouvement *pathétique* »[72], explique Camus dans *L'Homme révolté*. Il montre que la croyance en une Vérité de l'histoire est mue par un désir mystique de pureté et

---

72. Albert Camus, *L'Homme révolté*, in *Essais, op. cit.*, p. 543. C'est moi qui souligne.

un idéal de fraternité par lesquels les terroristes espèrent briser leur solitude en tentant de bâtir une communauté idéale. Leur ambition politique est une demande d'amour qui s'étend à la masse abstraite de leurs frères asservis et silencieux. Mais pour réaliser ce projet, il leur est nécessaire de détruire ce qui, dans le réel, s'oppose à la vérité révolutionnaire. Ainsi, le fantasme d'une fraternité humaine, d'une fusion collective, relève-t-il d'un projet délétère qui arraisonne l'humain à un type idéal pour la construction duquel tout est permis, notamment la satisfaction du désir de tuer.

À cette vérité idéale soutenue par une passion meurtrière du réel, il faut opposer une vérité existentielle et pragmatique, celle qui cherche à distinguer entre le vrai et le faux. Camus a traqué les séductions de la première et ses avatars philosophiques, particulièrement l'hégéliano-marxisme. Toute édification d'une vérité de l'Histoire lui semble mensongère en ce qu'elle substitue à la réalité du temps une raison directrice et universelle qui n'est qu'une vision de l'esprit. Camus n'a cessé de critiquer, dans les religions et les philosophies de l'histoire, l'invention d'une Cité des fins et l'idéal régulateur au nom duquel il faudrait ordonner la politique. Il en voit la caricature dans la téléologie communiste qui sacrifie à la vérité ultime des générations d'humains. Camus ne nie pas l'historicité du temps et l'inscription des événements dans un ordre historique, mais il refuse d'y résumer l'existence humaine. Aussi, admet-il qu'il y a de l'histoire, mais non pas l'Histoire. Et c'est dans cette histoire avec un petit *h*, sans recourir à un sens supérieur, qu'il cherche à établir du sens.

L'expérience de la guerre et l'analyse du communisme ont modifié la conception de Camus sur la vérité. Au départ, sa pensée de l'absurde reposait sur une déception constitutive : l'absence de vérité transcendante, l'illusion de la raison triomphante, l'imposture d'une éthique de la vérité. Camus prenait ainsi à rebours l'impératif de la philosophie dans l'histoire de la métaphysique occidentale et sa quête heuristique du « il faut la vérité ». Ce deuil des arrière-mondes, qu'il reprenait à Nietzsche, le conduisit à proposer une vérité existentielle : la vérité absurde est l'absence de vérité. Cependant, le déclin de la vérité n'implique pas la fin de son exigence : la vérité n'est plus d'essence, mais elle sert désormais de principe d'évaluation. Camus passe alors du « il faut la vérité » à « que vaut la vérité ? » Il change le statut de la vérité, qu'il articule à plusieurs ordres philosophiques : tout d'abord l'ordre rationnel du vrai et du faux. Dans *Le Mythe de Sisyphe*, en 1942, il écrivait déjà : « La première demande de l'esprit : distinguer le vrai du faux »[73]. Mais il y ajoutait cette réserve pascalienne : « L'absurde c'est la raison lucide qui constate ses limites ». Il inscrit alors la vérité dans le registre de l'évaluation pour déterminer quelle intention, quelle passion, quelle énonciation la soutiennent, et valoriser l'exigence du vrai ainsi que la lutte contre les mensonges.

---

73. Albert Camus, *Le Mythe de Sisyphe*, in *Essais*, *op. cit.*, p. 109.

La qualité logique de la demande de vérité n'est pas suffisante et il lui faut un affect favorable.

C'est en effet par la révolte, plus que par l'esprit rationnel et connaissant, que s'exprime cette requête de vérité. Camus transforme le désenchantement métaphysique en sursaut existentiel : au fond de la déception gît une demande, ce qui éloigne cette philosophie de toute résignation. Il définit l'humain précisément par cette exigence : le « Il n'y a pas la vérité » suppose le maintien, paradoxal et constitutif, du « il faut la vérité ». Telle est la mission que Camus s'assigne, ainsi qu'il le clame lors de son discours du prix Nobel, en 1957 : « Dans toutes les circonstances de sa vie, obscur ou provisoirement célèbre, jeté dans les fers de la tyrannie ou libre pour un temps de s'exprimer, l'écrivain peut retrouver le sentiment d'une communauté vivante qui le justifiera, à la seule condition qu'il accepte, autant qu'il peut, les deux charges qui font la grandeur de son métier : le service de la vérité et celui de la liberté »[74]. La communauté ne se construit pas sur le meurtre partagé par la horde des frères, mais sur le souci commun du vrai. Et, surtout, l'exigence de vérité consiste à dire ce que l'on sait, non ce que l'on croit. Contre le messianisme politique qui fait croire à un avenir radieux et à une réalisation de la Vérité dans l'Histoire, Camus défend une politique modeste dans ses espérances et ambitieuse par ses luttes contre les mensonges.

---

74. Albert CAMUS, *Discours de Suède*, in *Essais, op. cit.*, p. 1 072.

La conception déflationniste de la vérité chez Camus, dans son approche philosophique et politique, ne doit pas faire oublier son engagement existentiel et politique. Sa pensée ne se replie pas sur un rationalisme tranquille et sans affect, ni sur un scepticisme raisonnable. Elle donne au contraire toute sa place à une passion qu'il désigne par le mot de révolte. La grande ambition de *L'Homme révolté* est précisément de distinguer entre la révolte qui conduit aux meurtres révolutionnaires et la révolte qui mesure de tels risques, accepte ses limites ou s'oriente vers une sublimation par l'art. Sa formule devenue fameuse, « Je me révolte donc nous sommes », montre qu'il y a bien de l'indignation à la base d'une communauté en quête de vérité et de justice. Il vécut avec ferveur cette aspiration, avec ses doutes, notamment lors de la guerre en Algérie. La dénonciation de l'Universel mensonger, de son idéal humaniste dans lequel il décelait le masque des intérêts coloniaux, ne l'empêchait pas de résister aux discours du terrorisme émancipateur. La sincérité et la solidarité prirent alors la place de la vérité et de la fraternité. Son honnêteté intellectuelle l'amenait ainsi à admettre que nous ne connaissons pas toujours les mobiles qui nous font rechercher et affirmer la vérité, et qu'il faut avouer sa propre opacité. À l'inverse de ceux qui ont foi en la Vérité, nous devons toujours soupçonner ce qui nous trompe nous-mêmes. Faire son deuil de la Vérité sans renoncer à l'exigence de vérité, telle est la grande leçon de Camus, ni cynique ni sceptique, à la fois révolté et méfiant à l'égard de sa passion.

L'indignation et le doute

La passion est donc nécessaire, mais pas suffisante pour atteindre la vérité. Il faut aussi être lucide sur les mobiles de la passion et sur le statut de la vérité. Nous avons souligné que c'est le constat du mensonge qui entraîne l'indignation et, en elle, la requête du vrai. Cette indignation, sous forme de révolte individuelle ou collective, n'est pas indemne de motivations obscures, laissant parfois libre cours au désir de mort ou aux illusions trompeuses. Dès lors, comment s'assurer de la nature et des orientations de cette passion de la vérité? Nous devons interroger l'indignation elle-même, puis l'authenticité de son énonciation et enfin la validité de son énoncé. En d'autres termes : 1- l'indigné a-t-il toujours raison et l'indignation est-elle toujours vertueuse? 2- Comment être sûr que nous cherchons vraiment la vérité et pas autre chose sous le nom de la vérité? 3- Devons-nous toujours douter de ce qui nous semble vrai et à quelle condition peut-on assurer que nous détenons, que nous avons découvert ou fait la vérité?

L'exemple paradigmatique du cri de vérité a été donné par Zola et son *J'accuse* et, de fait, son indignation a été partagée largement et a profité à l'établissement de l'innocence du capitaine Dreyfus. Cependant, certaines indignations devant un scandale ne trouvent pas toujours une expression qui mène à la vérité, surtout quand elles se confrontent à une impossibilité de donner sens à un événement. Des vérités insupportables et invivables conduisent à la déraison ou au suicide, tels que le racisme et l'esclavage qui rendirent folle Nina Simone, la Shoah pour Primo Levi et tous ceux qui ne sont pas arrivés à vivre avec cette mémoire, ou la mort d'un enfant, comme le montre Kieslowski dans *Le Décalogue* où un scientifique a cru à tort calculer la résistance de la glace sur laquelle patinait son fils. La découverte de ces vérités est inarticulable, car leurs explications rationnelles – le contexte historique, l'erreur de calcul – ne suffisent pas à apporter un sens acceptable au sein du réel. Le cri reste un cri, inarticulé au langage et à la pensée.

Parmi les cris intransitifs, il en existe, articulés à des slogans et des actions, qui s'autolégitiment sur le fondement que leur révolte irraisonnée est en elle-même juste. La formule de Mao, *On a raison de se révolter*, reprise par les maos français[75], en fournit l'illustration. Le principe lui-même, «il faut se révolter parce qu'il faut se révolter»,

____

75. Voir Philippe GAVI, Jean-Paul SARTRE et Pierre VICTOR, *On a raison de se révolter*, Gallimard, 1974.

est une tautologie douteuse. Tout d'abord, cette révolte est intransitive, c'est-à-dire qu'elle ne se fixe pas d'objet d'indignation. On se révolte logiquement contre une personne, un pouvoir ou une situation inacceptable, alors que la révolte pour la révolte semble chercher des objets pour satisfaire une pulsion rebelle, quel que soit son prétexte. C'est alors le sujet indigné qui constitue la vérité de l'indignation, plus que la situation intolérable. De plus, la formule est un mot d'ordre : « Révoltez-vous ! » comme si cette révolte était bonne indépendamment des motifs, des intentions et des résultats. Ce qui devrait procéder d'une prise de conscience du scandale ou du mensonge et provoquer un élan vers la recherche et l'affirmation d'une vérité devient alors une injonction à vide qui flatte le désir de violence. Casser, détruire, lyncher, couper des têtes seraient des actes légitimes sous prétexte qu'ils proviendraient d'une indignation. L'histoire nous a appris que ces appels à la violence étaient orchestrés par des idéologues et des révolutionnaires, tels que ceux de la Révolution culturelle en Chine qui ont éliminé tous les opposants et détruit toutes les institutions intellectuelles qui pouvaient les contester. Une fois la dictature installée, le « révoltez-vous » laisse place au « dénoncez-vous les uns les autres ». Les suppôts de Pol Pot et du Kampuchéa démocratique, reprenant les slogans de la révolte, ont surtout exprimé leur fascination pour la violence en soutenant des dictateurs qui attisaient et manipulaient la colère intransitive.

Il faut une raison à la révolte, non en tant que logique autoréférentielle, mais comme motivation issue d'une réalité scandaleuse. Cette raison n'est pas toujours aussi précise que le mensonge touchant un fait judiciaire, ainsi qu'en témoignent les grandes mobilisations de 2011 ayant suivi les crises financières et économiques qui ont bouleversé les sociétés occidentales. Le mouvement 15-M en Espagne, que les Français ont appelé le mouvement des « indignés »[76], a mobilisé pacifiquement des centaines de milliers de manifestants, sur des bases revendicatrices floues. Cependant, il est apparu de plus en plus nettement que les motivations convergeaient pour dénoncer deux mensonges : tout d'abord celui du libéralisme et de la chance donnée à tous de mener une vie décente ; ensuite celui de la démocratie censée représenter également chaque citoyen. Le constat d'une profonde inégalité, en contradiction avec les principes affichés par les gouvernements, a conduit à ces coordinations entre des groupes aux motivations souvent hétéroclites – écologistes, féministes, LGBTQ+, animalistes, anticapitalistes, indigénistes. Moqués par les idéologues professionnels, sous prétexte qu'ils n'avaient pas de programme précis ni ne prévoyaient la dictature du prolétariat, ces indignés n'ont pas reproduit les structures hiérarchiques qui organisent habituellement les manifestations. Contre le capitalisme sauvage, le règne de la spéculation bancaire et la

---

76. Le succès de l'opuscule de Stéphane HESSEL, *Indignez-vous !*, Indigène éditions, 2010, a consonné avec leur révolte.

sclérose des partis politiques, ils ont coalisé les innombrables protestataires, par-delà les frontières, notamment à New York avec le mouvement *Occupy Wall Street*. Pendant plusieurs semaines, des milliers de manifestants ont campé à côté de la Bourse, accueillant des causes politiques allant du soutien aux migrants à la défense des droits des minorités, unis dans la dénonciation d'un mensonge : la richesse ne profite qu'à 1 % de la population. Le slogan « We are the 99% » opposait ainsi une vérité statistique à l'accaparement réel des bénéfices par quelques-uns. Certes, le narratif de cette révolte souffrait d'angélisme, car ceux qu'on appelle, après Antonio Negri, les « multitudes », étaient loin de représenter les 99 % allégués – leur sociologie montre qu'elles étaient surtout constituées de populations diplômées. Et parmi les manifestations d'indignés dans le monde, il y eut aussi des récupérations idéologiques, de la violence et de la contre-violence.

Quelle que soit son issue politique, il n'en demeure pas moins que cette indignation collective n'a pas été gouvernée par une passion de détruire. Elle a exprimé une vérité masquée par la politique institutionnelle et le pouvoir de la finance. Elle a surtout manifesté le sens fort de l'indignation : une réaction à ce qui n'est pas « digne » de l'humanité. Chacun et chacune, avec des origines, des conditions et des buts distincts, a déclaré implicitement l'exigence d'une vie digne où la guerre entre les intérêts n'a pas le dernier mot. À la différence d'une foi en une vérité idéale et révélée au nom de laquelle se révolter, telle que la pratiquent les dévots ou idéologues pourfendeurs de blasphèmes et de contre-révolutions, cette révolte est partie d'une réaction face à l'indigne et elle a fait surgir une exigence de vérité et d'argumentation pour changer le cours des choses. Le «ce n'est pas vrai!» s'est transformé alors en «ce n'est pas possible!», «cela ne doit plus être possible!»

L'indignation politique est sujette à des interprétations contradictoires et nous ne saurions en donner une explication univoque. Elle nous intéresse pour distinguer les passions, dans l'opacité de leur motivation, et l'éclaircie qu'elles procurent dans l'accès à la vérité. Le doute est toujours nécessaire pour interroger ces mobiles intérieurs de l'indignation et les enthousiasmes collectifs. L'adhésion au groupe, le mimétisme des comportements, la grégarité des opinions, l'extase fusionnelle dans les manifestations, toutes ces expériences d'une «vérité en marche» sont pain bénit pour les philosophes et les théologiens, prompts à y déceler la réalisation d'un esprit du temps à travers des soulèvements de masse. Toute personne qui a participé à des mouvements de lutte sait que les engouements politiques impulsent une fougue propice à croire sincèrement en la pureté des motivations. Lorsque la ferveur retombe ou se heurte à la réalité, on se renseigne, on enquête, on écoute tous les acteurs et témoins, on admet la contradiction, on découvre la complexité. C'est ce qui est arrivé aux générations qui ont cru au bonheur révolutionnaire : les surréalistes avec l'Union soviétique, les intellectuels français avec la Chine, et qui ont déchanté ensuite, découvrant une vérité objective éloignée de la vérité idéale en laquelle ils croyaient. Paul Nizan, communiste convaincu, visita l'URSS dans les années 1930, et fut déçu que le peuple enchanté par l'avenir socialiste ait toujours peur de la mort. Jean-Paul Sartre, soutien fervent de Castro et de Mao, finit par admettre que ses cris de révolte n'avaient pas toujours été pertinents, alléguant : « Les vérités sont devenues »[77]. C'est pourtant la perception des réalités qui a changé, non la vérité elle-même, qui était déjà la même que celle découverte plus tard.

Ces engagements politiques tortueux ont des motivations psychiques : que désirons-nous vraiment lorsque nous cherchons passionnément la vérité ? La justice, la réparation, la révélation ou l'instauration d'un monde nouveau ? Pour reprendre une tournure devenue cliché : « De quoi la vérité est-elle le nom ? » Comment, au cœur de nos indignations, ne pas être dupes de nos biais et de notre propension à nous mentir à nous-mêmes ? Ces interrogations s'adressent à la subjectivité des individus et elles requièrent une introspection dont divers courants de pensée ont proposé des modèles : la pratique du doute cartésien pour éliminer nos illusions perceptives et nos préjugés ou l'examen de conscience chrétien conçu pour faire la vérité sur soi invitent à démêler entre les passions trompeuses et celles qui favorisent l'accès à la vérité.

---

77. Voir SARTRE, « Autoportrait à 70 ans », in *Situations X*, Gallimard, p. 184.

Cette expérience implique une démarche individuelle du sujet, éloignée d'une autocritique collective telle que la Révolution culturelle l'a imposée pour « rééduquer » les masses. La psychanalyse est assurément la pratique majeure pour démêler les ressorts de telles passions et découvrir leur investissement libidinal. Elle permet de prendre du recul à l'égard des assertions philosophiques sur la recherche de la vérité et leurs mobiles.

Les allégations d'« authenticité », « sincérité », « pureté », « transparence » sont toujours suspectes d'être proclamées pour cacher leurs véritables raisons. Le « jargon » de l'authenticité, comme l'appelait Adorno, fait croire que la vérité trouve sa source dans une vertu morale ou dans une proximité avec l'Être. Mais c'est bien plutôt l'inauthenticité que traquent les philosophes, sans pouvoir définir l'authenticité. Sartre a éclairé les attitudes de mauvaise foi, les mensonges à soi-même, plus qu'il n'a défini les conduites authentiques. Il n'a cessé de pourchasser en lui-même les postures controuvées. Et ceux qui ont affiché haut et fort leur sincérité, comme Rousseau dans ses *Confessions*, sont parmi les meilleurs inventeurs de mensonges auxquels ils finissent par croire. La seule authenticité valide serait de reconnaître qu'on n'est jamais authentique. Cette vérité subjective relève de la lucidité et elle suppose un travail sur soi. Être au clair avec soi-même implique de lever de nombreux écrans, de déjouer les fausses vérités et les illusions qui participent à une image narcissique de soi.

Deux vérités sont en jeu ici : la vérité subjective de la recherche du vrai et la vérité objective du fait vrai. Différentes par nature et intention, elles ne sont toutefois pas séparées. L'établissement d'un discours vrai nécessite en effet des conditions favorables telles qu'une disposition d'esprit consciente de ses biais. L'objectivité ne repose pas seulement sur des critères rationnels, mais aussi sur la possibilité de regarder et de décrire une réalité sans partialité, sans déni. Quelque chose se passe, s'est passé devant moi et je ne peux détourner le regard sur autre chose, je ne peux me raconter une histoire, me donner un prétexte pour ne pas voir : qu'un homme est en train de dépérir lentement sur le trottoir, qu'une attitude est raciste, qu'une femme est maltraitée… Il y a mille façons de ne pas voir le réel, de se prémunir d'un constat dérangeant en tenant des discours superfétatoires. Affronter une situation intolérable exige de résister à tous ces subterfuges. Les interprétations modèlent notre manière d'appréhender telle ou telle conjoncture, cependant il y a des évidences minimales qui constituent des faits objectivables, interprétables ultérieurement. Qu'une personne soit couchée sur le trottoir en pleine nuit sans qu'un mouvement ou un bruit soit détectable est un fait objectif. Que je passe à côté sans m'arrêter ou que je m'approche d'elle, que je me sente ou pas responsable de la misère du monde est ensuite une question morale et psychologique sujette à interprétation. Qu'une personne fasse l'objet d'un traitement discriminant en raison de ses origines ou de sa couleur de peau est un fait objectivable. Les manières de l'expliquer, le comprendre et d'y remédier sont une autre affaire. Qu'une femme subisse des insultes, des entraves, des coups, cela peut être constaté, même si les raisons sociales ou culturelles de cette oppression peuvent être discutées.

Désirer la vérité et accepter de parcourir le chemin qui y conduit suppose donc une disposition. Qu'on l'appelle intention, volonté, propension, ce désir conditionne l'établissement des faits objectifs. Dans son for intérieur, le sujet doit chercher la vérité souvent fuyante. La psychanalyse connaît les ruses des analysants qui ont l'illusion de dire la vérité alors que leurs déclarations sont autant de masques pour ne pas atteindre à la « vraie » vérité. Sans recourir à une mythologie de l'intériorité, dénoncée par les philosophes analytiques, nous devons malgré tout assumer que l'enquête sur la vérité dépend de la psyché de l'enquêteur. Car l'accès à la vérité ne peut en rester à un raisonnement, ou à des protocoles langagiers. L'énonciation du vrai doit passer par un questionnement sur la relation de l'énonciateur à son énoncé, sur sa potentielle mauvaise foi, son adhésion et ses biais.

À l'âge classique, le débat sur la vérité opposait le triomphe de la raison et les mystères de la foi. Modérant les prétentions du rationalisme cartésien, Pascal suggérait qu'il y a plusieurs accès à la vérité, l'un par le cœur et l'autre par la raison, le premier est intuitif, le second passe par la vérification. « Nous connaissons la vérité non seulement par la raison mais encore par le cœur, c'est de cette dernière sorte que nous connaissons les premiers principes et c'est en vain que le raisonnement, qui n'y a point de part, essaie de les combattre. »[78] Ces deux voies, selon Pascal, sont étanches et il conteste à la raison le droit d'exiger des preuves pour accepter les vérités du cœur, car les certitudes acquises par l'une ou l'autre sont également légitimes. Certes, Pascal, parlant des premiers principes, traite des vérités métaphysiques plus que des vérités scientifiques et factuelles. Ce que nous pouvons toutefois retenir de ce rabaissement de la raison raisonnante est le rôle du sentiment dans l'accès à la vérité. Contre cette division classique entre raison et passion, nous observons plutôt une perméabilité entre les deux : le cœur a ses propres raisons, comme le dit Pascal, mais la raison a aussi son propre cœur et elle en a besoin pour s'exercer. Les deux peuvent même se corriger l'une par l'autre.

Face à l'impossibilité d'une transparence à soi, face à l'incapacité de découvrir le tréfonds du cœur et des motivations subjectives, il faut renoncer à l'idéal d'une pureté des intentions. Ce constat lucide, au lieu de conduire à se résigner à l'opacité, encourage au contraire à travailler sur soi, à lutter contre nos biais cognitifs, pour affronter la réalité et l'accepter pour ce qu'elle est, en dépit de notre propension à l'interpréter ou à l'éviter parce qu'elle contrarie nos croyances. Car il y a

---

78. Pascal, *Pensées*, Lafuma 110, Brunschvicg 282, La Pléiade, Gallimard, 1954, p. 1 221.

bien des faits, et pas seulement des interprétations, quoi qu'en suggère la vulgate nietzschéenne. L'objectivité des faits, malgré tous les subterfuges qui nous détournent d'elle, malgré nos ruses pour ne pas les voir et les reconnaître, demeure l'horizon de ceux qui croient encore à la vérité et qui, mus par l'inquiétude, la curiosité ou l'indignation luttent contre le relativisme des « faits alternatifs » et la mauvaise foi des intérêts.

Le dernier point concernant l'équilibre instable entre l'indignation et le doute porte sur l'énoncé de la vérité. Nous avons souligné combien l'indignation, en elle-même, moteur d'une exigence de vérité, n'est pas toujours vertueuse. Nous avons ensuite soutenu la nécessité d'une pratique du doute sur les motivations qui nous poussent à désirer le vrai. Nous devons enfin interroger le rôle et les limites du doute quant aux affirmations qui se présentent comme vraies. Le doute ne concerne plus ici les mobiles intérieurs de l'indignation, mais la vérité des énoncés. Une attitude qu'on désigne généralement par le mot de « sceptique » consiste à mettre en question, systématiquement, toute assertion qui se revendique de la vérité. Inspirée de Pyrrhon d'Élis et de Sextus Empiricus, elle peut laisser entendre que rien n'est vrai ni faux et qu'il faut douter de tout, qu'il s'agisse des vérités empiriques ou métaphysiques. *A minima*, elle suggère la précaution rationnelle et méthodique de ne rien accepter sans preuve. Dans son usage modéré, le doute consiste en effet à reconnaître qu'un énoncé peut être erroné et non à considérer qu'il n'y a aucune vérité et que tout est construction, ce qui serait un nouveau dogme, alors que le scepticisme s'oppose par principe à tous les dogmes.

L'attitude sceptique qui vient contrebalancer ou juguler la passion de la vérité relève ainsi d'une disposition d'esprit qui cherche la lucidité. Elle pratique le doute comme une pesée des arguments. C'est ce qu'entendait Montaigne en intitulant « Essais » ses réflexions. Le mot, issu du latin *exagium*, signifie le pesage, l'examen. Refusant les vérités dogmatiques qui ont pour conséquence, à son époque, les atrocités des guerres de religion, il essaie des pensées, comme le faisaient les philosophes antiques. Son doute admet l'inquiétude et interroge les vérités et les chemins qui y mènent. Il pratique l'enquête et passe par les différentes versions de ce qu'on appelle le vrai. Le monde vu par les « cannibales » des Amériques n'est pas celui de la monarchie française, et Montaigne peut renverser le point de vue sur les diverses valeurs de l'humanité. Toutefois, reconnaître la multiplicité des regards et en user pour juger nos mœurs avec un regard lointain ne relève pas strictement du relativisme. Montaigne pratique l'explication : il déplie la vérité dans ses multiples versions. Malgré ce diversalisme, il y a bien « de la vérité » dans « l'humaine condition ».

Le doute, qu'il soit sceptique ou simplement méthodique, permet de se méfier des perversions de l'indignation. Il suspend le jugement et le désir du vrai pour en effectuer l'examen. Il met à distance la pulsion de savoir, et l'assurance, potentiellement fanatique, de détenir la vérité. Nous avons vu combien la jouissance de la pensée, qui guette chacun, nous amène à croire qu'on « possède » la vérité, alors qu'il faut plutôt « faire » la vérité, c'est-à-dire enquêter sans relâche. La *libido affirmandi*, joie d'affirmer, participe d'un plaisir narcissique par lequel nous contemplons notre propre pouvoir de penser. Nos idées, arguments, thèses reflètent la puissance de notre esprit plus que leur acuité pour comprendre le réel. La tâche de l'enquêteur, au contraire, est de bien *décrire*. La méfiance à l'égard des abstractions, à rebours d'une tendance lourde de la philosophie européenne, conduit à voir et entendre le réel pour ce qu'il est et à en être curieux, c'est-à-dire à en prendre soin.

Une telle pratique du doute est-elle compatible avec la passion, et plus particulièrement l'indignation? Les sceptiques anciens cherchaient certes une vérité « dépassionnée », ayant pour but la tranquillité (l'*ataraxie*). Cependant, le doute ne mène pas forcément à l'indifférence et peut servir à mieux établir des vérités. Le souci de bien décrire le réel en effet est le fondement d'une action juste. À l'opposé, les relativistes d'aujourd'hui regardent le monde d'en haut, acceptant toutes les formes d'oppression sous prétexte que personne n'a raison : tout est question de points de vue, il n'y a pas de vérité, on peut remettre en question absolument tout sur la base d'une opinion : que personne n'a marché sur la lune ou que Darwin raconte n'importe quoi. Ce scepticisme n'est pas indemne de mauvaise foi, qui prétexte que rien n'est vrai pour protéger ses arrangements avec le monde et fuir toute responsabilité devant le réel. Par leur cynisme, ces sceptiques-là, ces non-dupes à qui « on ne la refait pas », sont finalement les garants de l'ordre des choses.

Contre l'indifférence à la vérité, il existe un scepticisme ou, disons simplement, une pratique du doute compatible avec l'affect et l'engagement. Le plus bel exemple en est donné par Montaigne, sceptique engagé, qui s'indigna, parmi les premiers, des ravages de la conquête européenne des Amériques. Son essai sur les massacres, commis par les Espagnols contre les Aztèques au Mexique et contre les Incas au Pérou, est un réquisitoire puissant. Ce « sceptique » est un homme révolté devant le gâchis d'une telle expédition aux Indes occidentales. Montaigne décrit les richesses culturelles de ces civilisations et il imagine ce qu'aurait pu être une coopération avec ces populations qui avaient aussi des savoirs à partager. Il dénonce le mensonge des Européens et de ce qu'est déjà une forme de colonisation, dont les véritables motifs sont la volonté d'asservir les populations indigènes et l'enrichissement par le vol de leurs ressources. Il conclut son acte d'accusation par ces phrases terribles : « Tant de villes rasées, tant de nations exterminées, tant de millions de peuples passés au fil de l'épée, et la plus belle partie du monde bouleversée pour le négoce des perles et du poivre : viles victoires. Jamais l'ambition, jamais les inimitiés publiques ne poussèrent les hommes les uns contre les autres à de si horribles hostilités et calamités si misérables »[79]. Sceptique quant aux dogmes abstraits, modéré en matières religieuse et politique, Montaigne n'en fut pas moins un indigné lorsqu'il découvrit la réalité de ces conquêtes. Il participa à l'information des faits, poussé par la passion du vrai et de la justice. Le doute s'arrête lorsque la vérité est criante, et l'indignation exige que tous la reconnaissent.

---

79. MONTAIGNE, *Essais*, III 6, éd. Pierre Villey, PUF, 1978, p. 910.

Conclusion : la nuit de la vérité

Où en sommes-nous désormais avec la disqualification généralisée de la vérité ? Nous avons repéré plusieurs strates de cette tendance qui ne concerne pas seulement les vérités métaphysiques et dogmatiques, mais aussi les vérités empiriques et factuelles. La notion même de vérité a subi, depuis une cinquantaine d'années, un revers profond et durable. La prolifération des discours autoproclamés a mis dans l'ombre tout souci de vérifier leur justesse. Une légitimité donnée *de facto* à toute énonciation personnelle conduit ainsi à nier la validité des énoncés vrais ou à les égaliser. « J'affirme qu'il y avait plus de monde pour l'investiture de Trump qu'à celle d'Obama », « Je vous dis que Pétain a sauvé les Juifs », « Le pays est gouverné par un État profond », « Le covid est une invention du lobby pharmacopolitique »... Il suffit de dire que ceci ou cela est vrai, sans preuve, pour que cette énonciation soit admise comme une version parmi d'autres de ce qui peut être dit, indépendamment de toute vérification : les faits sont *alternatifs* ! Ce type d'énonciation s'effectue en première personne du singulier : la vérité est ce que je dis, il n'y a pas à en discuter, juste à admettre mon point de vue. Au nom de quoi pourrait-on en effet contester la vérité de quelqu'un ? Si elle est *ressentie*, cette vérité doit être tenue pour authentique, valide et donc vraie. La vérité ressentie a recouvert la vérité vérifiable. Il en va même du respect de l'énonciateur, puisque remettre en cause son assertion devient une offense. Ce qu'il dit est vrai par principe puisqu'il le sent ainsi.

Ce type d'énonciation se conjugue aussi à la première personne du pluriel. Le « nous » détient la vérité, le savoir et le droit exclusif du groupe. L'appropriation culturelle de la vérité a ainsi périmé le travail de la vérité historique en faisant de cette dernière une propriété privée. Si la prise de parole des personnes partageant une mémoire est essentielle et a contribué à modifier les versions officielles de leur histoire, la délégitimation des historiens et enquêteurs qui n'en sont pas partie prenante aboutit à une disqualification de la vérité historique. La mémoire privative des « descendants » a ainsi recouvert le travail de l'enquête : nous sommes ce que nous affirmons et personne n'a le droit d'y trouver à redire. Généalogiquement, nous avons raison. Le règne absolu du *je* et du *nous* s'est ainsi imposé dans de nombreux domaines d'énonciation : notamment les sciences humaines et la littérature en France, les études culturelles et sociales aux États-Unis. Ce changement dans la grammaire énonciative ne se limite toutefois pas à l'expression intellectuelle et culturelle, et l'on s'aveuglerait à le croire séparé de la vie sociale et politique. Nous mesurons aujourd'hui les conséquences politiques, sociales et juridiques du « Tout est vrai », au nom des différences de point de vue et dans un monde où même la notion de preuve tend à s'effacer, notamment au sein des mondes virtuels. Si nous ne nous résignons pas face au « par-delà le vrai et le faux », si nous sommes révoltés par les « foutaises » qui donnent à croire n'importe quoi, il est de notre tâche de réhabiliter l'exigence de la vérité.

Comment maintenir le critère de vérité face au relativisme que symbolise la notion de faits alternatifs et qui corrobore le constat que nous vivons chacun dans des bulles épistémiques de plus en plus étanches à toute contradiction ? Il semble vain de discuter puisque chacun a son avis qui correspond à ce qu'il sent et pense. À cela, nous devrions opposer la nécessaire distinction entre les types de vérité. Si quantité de sujets relèvent d'un point de vue singulier ou collectif, comme ce qui concerne les représentations et usages culturels, les valeurs morales, le jugement esthétique, il n'en demeure pas moins que des vérités existent, qu'elles sont prouvables et vérifiables par l'entendement et par l'expérience. Elles peuvent être confrontées à la réalité et ne dépendent pas seulement des imaginaires ou des concepts : il y a des faits, que ce soient des réalités factuelles et constatables, que ce soient des réalités scientifiques, et qu'elles viennent de la physique, de l'astronomie, de la biologie ou de toute science aux principes universels.

Que l'on puisse repenser les conditions historiques et culturelles de ces sciences, que l'épistémologie s'intéresse au langage qu'elles emploient pour formuler ces découvertes, que les utilisations de ces découvertes soient discutables et contestables, cela reste légitime et souhaitable. La vérité ne se présente jamais *in abstracto*, ou du moins l'opération intellectuelle, qui consiste à l'abstraire de toute conditionnalité, de toute circonstance, doit être questionnée. Elle se dit, se manifeste, s'impose toujours en situation, en contexte. Par exemple, la vérité scientifique de l'atome n'a pas le même sens si elle permet de comprendre la structure de la matière ou si elle vise à construire une bombe atomique. Et croire que la science puisse être abstraite de tout contexte, de tout intérêt, de toute idéologie est une illusion. Cependant, ces approches critiques n'invalident pas les découvertes et les vérités scientifiques. Quoi qu'on pense d'Archimède, son théorème sur la force subie par un corps immergé est applicable et vérifiable universellement. Ou encore, si Galilée incarne un esprit classique et scientiste de domination de la nature en disant qu'elle est écrite en langage mathématique, il n'empêche que notre univers tourne bel et bien autour du soleil et que la loi de la gravitation découverte par Newton est une vérité universelle.

Pour défendre ces évidences, plusieurs courants universitaires, aux États-Unis du côté analytique, en France du côté républicain, ont dénoncé la remise en cause des vérités savantes devenues suspectes d'imposer une vision partisane du monde. La « déconstruction », ce mot associé à Derrida et qui sert désormais à qualifier tout comportement non conformiste – visant la masculinité, le patriarcat, le néocolonialisme… –, est accusée de tous les maux. Il semble pourtant simpliste de croire qu'une « théorie » (ce que ne sont ni la déconstruction ni les *gender studies*) serait responsable de l'évolution des mœurs et des identifications de genre. Certes, nous pouvons évaluer aujourd'hui ce qu'est devenu le travail de la déconstruction, ses effets, notamment sur la disqualification de la vérité. Mais adopter un discours réactionnaire en espérant qu'on puisse recommencer à penser comme avant est une illusion. Restaurer les vieilles lunes et les anciennes idoles, gommer d'un trait ce qui a été déconstruit, ce qui a été mis en évidence dans la grammaire des inégalités, des oppressions menées au nom de l'humanisme et de l'universel européen, est un rêve passéiste. Nous héritons de la déconstruction, et nous ne pouvons retourner tels quels aux Lumières universelles, ni à la Vérité platonicienne ni au rationalisme abstrait.

Il est plutôt temps de sortir des antithèses : entre le positivisme qui clame l'objectivité des faits et le subjectivisme perspectiviste qui permet d'inventer au mépris de la vérité, entre l'universalisme républicain et le particularisme culturel. Les antithèses empêchent de penser en limitant la réflexion à un « ou bien ou bien ». Aujourd'hui, de nombreuses pensées alternatives reformulent l'universalisme en tenant compte des diverses voies qui y mènent. Admettre la diversité des manières de voir le monde n'implique pas le relativisme qui veut que rien ne soit vrai, rien ne soit faux et que tout se résume à une question de perspective. Il est nécessaire de passer par la différence des langues et des cultures pour accéder à des vérités acceptables et vérifiables par tous. Ce ne sont donc pas une restauration ni une contre-théorie qui sauveront la vérité. Mieux vaut enquêter sur les causes lointaines de son déclin et chercher ce qui peut la faire renaître à partir de ces ruines.

Pourquoi tenir à la vérité? Parce que le péril social et politique est devenu évident et que ces débats débordent largement les universités, car l'enjeu de la vérité est devenu crucial au cœur de la Cité. Le moteur d'une résistance au relativisme généralisé est *l'indignation* face au mensonge. C'est en effet parce qu'il y a du mensonge qu'il y a de la vérité. Et c'est parce que le mensonge suscite l'indignation que surgit une exigence de vérité. Cette passion révèle la part de l'affect présente dans la recherche de la vérité, dans sa déclaration, dans sa diffusion, et finalement dans la vérité elle-même. Le modèle rationnel de la vérité pure, nue, désaffectée est une fiction. Les grandes indignations mènent à l'établissement de la vérité, comme le symbolisent nombre de combats politiques ou judiciaires, telles l'Affaire Dreyfus ou la résistance aux mensonges des sociétés totalitaires. Certes, toutes les découvertes de vérités ne trouvent pas leur origine dans l'indignation, mais dans un temps de «post-vérité» où même les certitudes scientifiques font l'objet d'un perspectivisme relativiste, l'indignation fournit l'énergie d'une nouvelle exigence de vérité.

Toutefois, l'indignation ne suffit pas et elle présente même le danger d'assouvir des passions meurtrières sous le nom de la vérité. Elle doit être soupesée et contrebalancée par la pratique du doute. L'indignation n'a pas le dernier mot et son suspens apporte une lumière sur les véritables motivations qui nous font croire détenir une vérité, et sur ce qui provoque notre passion et notre engagement à l'imposer. Elle doit se soumettre à l'enquête sur ses motifs, ses énoncés, elle doit se plier à l'exercice de la preuve, notamment lorsqu'un coupable semble tout désigné alors que les faits ne prouvent pas sa culpabilité. Cet équilibre instable entre l'indignation et le doute offre la meilleure garantie d'un accès à la vérité face aux mensonges et aux *fake news*, face à l'obscurantisme religieux et aux manipulations politiques.

Vouloir sortir de l'ère de la post-vérité est-il un combat perdu ? Il serait naïf de croire qu'il y avait auparavant LA vérité et qu'elle serait morte aujourd'hui. Il se dit toujours quelque chose au nom de la vérité, subjective ou politique, mais ses régimes de manifestation changent. Il existe toujours des voix pour prétendre « faire » la vérité et pas seulement la dire. Le *fact checking* systématique pratiqué par les journalistes, le travail documentaire que continuent d'effectuer les historiens, la vigilance conceptuelle de certains philosophes, la recherche rigoureuse des scientifiques sont des foyers de résistance à la disqualification du vrai et de l'objectivité. Il ne faut donc pas lâcher cette vieille question de la vérité, mais l'entendre, l'écouter avec des oreilles plus aiguisées, être attentif à ses tonalités, ses intensités, ses volumes qui révèlent toute une gamme d'affects et nous permettent, alors, de savoir quelles vérités nous sommes prêts à accepter et celles que nous devons rejeter. Face au récit biaisé des événements, à l'inculture historique, à la désinformation sur des sujets aussi clivants que le racisme systémique, la définition du génocide, l'histoire de la colonisation… il est impératif d'écouter les biais des autres pour mieux prendre conscience des nôtres. Le relativisme renvoie chacun dans son «camp», ses intérêts, sa tribu, sa bulle épistémique, tout ce contre quoi il faut lutter si l'on prétend à un discours de vérité.

Dans un article de *Combat*, daté du 25 août 1944, Camus évoque l'insurrection de la vérité pour décrire la libération de Paris. Il associe la vérité à la lutte, à la résistance, après quatre années de mensonges diffusés par l'occupant allemand et la propagande de Vichy. Pétain, pour justifier la collaboration, prétendait que c'étaient les autres, les menteurs, et qu'il fallait s'en remettre à la vérité de la terre qui, «elle, ne ment pas». Selon Camus, pendant ce temps monstrueux, la vérité vraie s'est cachée, désarmée et martyrisée, et elle a resurgi, les armes à la main, encore dans la nuit et le feu des balles traçantes : «Cette nuit vaut bien un monde, c'est la nuit de la vérité. La vérité en armes et au combat, la vérité en force après avoir été si longtemps la vérité aux mains vides et à la poitrine découverte. [...] Oui, c'est la nuit de la vérité et de la seule qui soit valable, celle qui consent à lutter et à vaincre »[80]. Il serait indécent de comparer notre époque avec cette période tragique pendant laquelle le mensonge systémique a été pratiqué et a provoqué tant de morts, comme dans toutes les sociétés totalitaires.

Nous mesurons toutefois combien, dans les sociétés libérales, la disqualification de la vérité procède de manière d'autant plus insidieuse et profonde qu'elle est moins contraignante. C'est en effet au nom de la liberté et de l'équivalence de toutes les opinions que les critères de vérité sont de plus en plus dévalués, une situation admise par le plus grand nombre sans recours à une idéologie coercitive. Le réveil sera brutal, car, en fin de compte, ce sont les grands manipulateurs, en Europe et en Amérique, qui en tirent profit. Arguant des faits alternatifs et usant des *fake news* comme mode de communication politique, ces dirigeants illibéraux profitent sans scrupules de l'affaiblissement des instances de vérification. Proférés par-delà le vrai et le faux, leurs mensonges provoqueront cependant l'indignation de ceux qui n'ont pas abandonné l'exigence de vérité, l'enquête sur les faits et la description de la réalité. Tant qu'il y aura encore un individu, scrupuleux ou indigné, pour dire « ce n'est pas vrai ! », la vérité luira encore dans la nuit.

---

80. Camus, *Actuelles I*, in *Essais*, La Pléiade, Gallimard, 1965, p. 257.

Du même auteur

Essais :

Un Tout autre Sartre, Gallimard, 2020

Penser avec les oreilles, Max Milo, 2019

Édouard Glissant. L'identité généreuse, Flammarion, 2018

Le Génie du mensonge, Max Milo, 2015, Pocket, 2017

Les Airs de famille. Une philosophie des affinités, Gallimard, 2012

Le Toucher des philosophes. Sartre, Nietzsche et Barthes au piano, Gallimard, 2008, Folio 2014

Pour en finir avec la généalogie, Léo Scheer, 2004

Avant-gardes et modernité, Hachette, 2000

Image et absence, essai sur le regard, L'Harmattan, 1998

Beckett ou la scène du pire, Honoré Champion 1998, réédition 2010

Sartre : l'incarnation imaginaire, L'Harmattan, 1996

Huis Clos et Les Mouches de Jean-Paul Sartre, Gallimard, 1993, réédition 2006

Récits :

Les Enfants de Cadillac, Gallimard, 2021, Folio 2023
Tombeaux, Cécile Defaut, 2012
Hors de moi, Léo Scheer, 2006

Entretiens :

Penser l'avenir, avec André Gorz, La Découverte, 2019
L'Entretien du monde, avec Édouard Glissant, PUV, 2018

Table des matières

www.ingramcontent.com/pod-product-compliance
Lightning Source LLC
LaVergne TN
LVHW010212060726
842525LV00014B/3298